京剧人的美德故事

封杰 洪露 ⊙ 著

中央编译出版社
Central Compilation & Translation Press

图书在版编目（CIP）数据

京剧人的美德故事 / 封杰，洪露著．—北京：中央编译出版社，2023.9

ISBN 978-7-5117-4422-7

Ⅰ．①京… Ⅱ．①封… ②洪… Ⅲ．①京剧-戏曲演员-列传-中国-近现代 Ⅳ．①K825.78

中国国家版本馆CIP数据核字（2023）第082370号

京剧人的美德故事

责任编辑	李媛媛
责任印制	李　颖
出版发行	中央编译出版社
地　　址	北京市海淀区北四环西路69号（100080）
电　　话	（010）55627391（总编室）　（010）55627319（编辑室） （010）55627320（发行部）　（010）55627377（新技术部）
经　　销	全国新华书店
印　　刷	北京文昌阁彩色印刷有限责任公司
开　　本	710毫米×1000毫米　1/16
字　　数	272千字
印　　张	20.75
版　　次	2023年9月第1版
印　　次	2023年9月第1次印刷
定　　价	68.00元

新浪微博：@中央编译出版社　　　微　信：中央编译出版社（ID: cctphome）
淘宝店铺：中央编译出版社直销店（http://shop108367160.taobao.com）　（010）55627331

本社常年法律顾问：北京市吴栾赵阎律师事务所律师　　闫军　梁勤
凡有印装质量问题，本社负责调换，电话：（010）55626985

让祖国青年一代身心都健康成长
——值《京剧人的美德故事》出版之际

封 杰

京剧以文载道、培根铸魂的艺术风格，其内涵的精神取向承载着中华民族正直的信念、道德和操守，可化人养心、增智益慧。大批的"讲仁爱、重民本、守诚信、崇正义、尚和合、求大同"的剧目，都彰显着中华优秀传统文化中的美德精神。自强，先要增进我们的文化自信；自信，须要讲好中国故事。唯有坚守住中华文化立场，才可使青年人永驻一颗"中华心"。

《京剧人的美德故事》一书正是循此而来的。其百余位京剧界的前辈艺术家的故事都显现出了他（她）们在传统艺术中受到的教育。像在抗日战争时期，为抵抗日本侵略者多次威逼，梅兰芳毅然决定蓄须告别钟爱的舞台；周信芳创演了《文天祥》《明末遗恨》；尚小云演出了《抗金兵》；程砚秋更是以怒打"走狗"而决然隐居青龙桥。在国难当头之时，他们以各自的行为来表明抗击侵略者的决心以及爱国的精神。在生活中，他（她）们相互帮持，如梅兰芳的祖父梅巧玲在好友病故后，当着亲友的面将逝者生前留下的多张借款欠条焚之一炬。在教学上，他们秉承着"替祖师爷传道"的理念，使京剧得以代代相传。在艺术上，他们相互交流，交换剧本，丰富剧目。在舞台上，他们相互衬托，尽量使表演圆满，让观众欣赏到精彩的艺术。

我们过去常称戏曲演员为"艺人"，他们在演艺生涯中有许多不被人知道的仗义之举，故而又可称为"义人"。现今的演员在继承他们艺术的同时，又承传着他们的美德。但在近几十年的演出舞台上，专业院团和演员只是做到了将剧目立于舞台，在十多年的京剧进校园的过程中学生们看到了整出戏或折子戏，再就是带领同学们学唱几段唱腔，完全忽略了京剧内涵的美德元素。像有的学校老师和专业教师费尽心力"拉"来几位同学，可待同学回家跟家长商量后，却没人再来了。为什么会这样？就是因为，我们的京剧进校园的路径少了一条轨道。教唱是一方面，但我们不是为了培养演员或戏迷，更多的是要将京剧中有关美德的养分传递给学生们，使他们逐步接受中华传统文化，并铭刻在心，且代代传承。

这也是《京剧人的美德故事》所要努力达到的效果。我们在京剧文化传承方面已经取得了成绩，但在弘扬方面还有待奋进。我希望更多有此志向的在校老师和专业教师们能参加到弘扬京剧文化的行列之中，使中华民族延绵不绝的优秀艺术永远璀璨辉煌，使我们的中华传统文化永葆青春，使我们的祖国青年一代身心真正得到健康成长！

2023年2月23日于竞成轩

前　言

　　党的十八大以来，党中央高度重视传统文化的复兴与传承传播，对文艺工作多次作出重要指示和批示，增强民族自信心和自豪感被提升到一个新的高度。

　　"国粹"戏曲艺术源远流长、博大精深，是中华民族灿烂文化星空中一块巨大的瑰宝。在中国的各个历史时期，戏曲都是起到"教化功能"的重要育人手段，曾经是中国人最喜爱的艺术形式和生活中自娱自乐的方式，老百姓就是通过观看戏曲表演来明辨仁、义、礼、智、信，形成自己的价值观。可以说戏曲影响着历代中国人的人生追求、道德情操和思想境界，更是承载着本土文化和老百姓生活点滴的巨幅画卷。然而随着时代的发展，尤其在西方文化的影响和冲击下，沉淀着古代文化特征和审美的传统戏曲，在大众生活中的影响力越来越小，部分当代年轻人将之视作老古董，不仅对戏曲的艺术形式缺乏了解，还普遍不具备传承保护的意识。

　　《京剧人的美德故事》以戏曲大师们艺术生涯的三两事，折射出他们敬畏传统、谦卑热忱、德艺双馨、做事先做人的精神境界，可作为高校艺术赏析课程辅助教材使用。本书撰写的初衷，是为了探索当代高校"课程思政"的新形式，以云南省教育厅科学研究基金项目"以传统戏曲推进高校思政教育的实践研究"为基础，通过笔者所教授课程《云南地方戏曲音乐应用与实践》中"课程思政"环节具体拓展的实践经验，在大师们一个个感人肺腑的小故事中，树立正确的人生观、世界观、价值观，增强民族文化认同感，能够以理智的高度看待外来文化、应对不良文化的腐蚀。同时对提升学生群体的审美层次、精神境界和文化素养起到正向作用。

新媒体时代，如何培养具有一定政治素养和基本道德水准的人才，是高校思政教育工作的重点难点，在流行文化风靡校园并对思想政治教育提出新挑战的当下，高校应结合自身实际、因势利导，努力探索与时俱进的大学生思政教育模式，让"国粹"在大学生思想政治教育中发挥积极作用、焕发新的生机。

《京剧人的美德故事》能够得以顺利的出版，得到了社会各界和京剧界人士的高度关注。在编辑工作之初就受到马旭苒、肖艳杰、谭佩、王博、杨秀玲、李想、孙觉非、黄俊、刘朝永、李子岩、龚千千等同志的支持，提供了丰富的素材和珍贵的图片。在此表示衷心的感谢！最后，希望这本书的出版为新时代的传统文化的传播，展现出中国式的现代文明。

洪　露

2023 年 3 月

目　录

- 001 - 一人千面的"活曹操"——黄润甫
- 004 - 焚券的义伶——梅巧玲
- 007 - 创老生流派　拓表演艺术——谭鑫培
- 010 - 精研戏理　塑造人物——金秀山
- 013 - 一代爱国"伶圣"——汪笑侬
- 016 - 始于热爱　终于专研——龚云甫
- 019 - 一生桃李满天下——陈德霖
- 022 - 力战夸雄武　英雄敢死队——潘月樵
- 025 - 热心公益　古道热肠——尚和玉
- 028 - "武生泰斗"再现英雄风范——杨小楼
- 031 - 艺高德更高——萧长华
- 034 - 通天教主　桃李天下——王瑶卿
- 037 - 开创武旦先河——阎岚秋
- 040 - 提携梅兰芳——王凤卿
- 043 - 高风亮节　传艺后人——李桂春
- 046 - 德艺双馨的净行艺术家——郝寿臣
- 049 - 严谨认真的京剧传承者——李兰亭

- 052 - 铁肩担道义　戏曲救时局——冯子和
- 055 - 戏里戏外的大英雄——盖叫天
- 058 - 艺德皆令人敬畏——余叔岩
- 061 - 老而弥笃　德艺双馨——姜妙香
- 064 - 遵循"三不争"　一腔爱国情——高庆奎
- 067 - 因爱下海　以唱塑人——言菊朋
- 070 - 豁达直爽　艺如其人——金少山
- 073 - 老而弥坚　壮心不已——侯喜瑞
- 076 - 蓄须明志　彰显民族气节——梅兰芳
- 079 - 刻画形象　生动传神——赵君玉
- 082 - 老艺人　新党员——刘奎官
- 085 - 战斗的一生——周信芳
- 088 - 戏里戏外　忠肝义胆——林树森
- 091 - 金玉其声　菊坛君子——李多奎
- 094 - 塑造关公　传扬红生——李洪春
- 097 - 名旦良辅　老旦名宿——孙甫亭
- 100 - 一生辛苦为梨园——尚小云
- 103 - 投身抗日义演　关爱梨园同行——荀慧生
- 106 - 勇于创新　传扬京剧——小杨月楼
- 109 - 演戏一定要有准谱——于连泉
- 112 - 机会总给有准备的人——马富禄
- 115 - 抗敌御辱　深得民心——马连良
- 118 - 才长艺广　活学活用——赵松樵
- 121 - 绝不藏私　倾情奉献——茹富兰
- 124 - 拳拳爱国心　累累家国情——唐韵笙
- 127 - 弘扬民族精神　耕耘京剧艺术——程砚秋
- 130 - 勇于拼搏创新——徐碧云

133 -	传承有序——陈鹤峰
136 -	慰问最可爱的人——谭富英
139 -	爱戏成痴　博采众长——黄桂秋
142 -	继承旦行风采　传扬京剧艺术——黄玉麟
145 -	教戏一丝不苟——孟小冬
148 -	追求艺术　清贫人生——杨宝森
151 -	践行艺术理想——奚啸伯
154 -	令人难忘的"坤旦领袖"——雪艳琴
157 -	苦心学程　偷艺成名——新艳秋
160 -	谦抑谨慎　金嗓铜锤——王泉奎
163 -	为传承京剧奉献一生——李万春
166 -	斧钺不避——叶盛章
169 -	清醒与通透——李盛藻
172 -	足智多谋——章遏云
175 -	强调品位的丑角——孙盛武
177 -	宝剑锋从磨砺出——李宗义
180 -	超群绝伦　思想崇高——叶盛兰
183 -	遵循章法　开创先河——裘盛戎
186 -	武将气度　直面人生——高盛麟
189 -	千锤百炼　以身许党——袁世海
192 -	"一代儒伶"的风骨——赵荣琛
195 -	德艺双馨的大武生——张世麟
198 -	勤学苦练　玉汝于成——宋德珠
201 -	武生翘楚　桃李芬芳——王金璐
204 -	梅门弟子第一人——言慧珠
207 -	新中国的文化使节——张云溪
210 -	德艺双馨的全才艺术家——李少春

213 -	艺精德劭　勇于创新	——李金泉
216 -	君子歌处秋色浓	——张君秋
219 -	勤学不辍　"北丁南言"	——丁至云
222 -	桑榆未晚　只争朝夕	——毛世来
225 -	刹那芳华　耀世伶影	——李世芳
228 -	锲而不舍　博采兼收	——童芷苓
230 -	京剧界的"老革命"	——李和曾
233 -	艺高德劭	——李慧芳
236 -	下辈子，还做京剧演员	——李玉茹
239 -	心中有党　奉献终生	——方荣翔
242 -	孜孜不倦追求人物个性刻画	——吴素秋
245 -	自我降薪让职	——厉慧良
248 -	不忘师恩　永怀于心	——王玉敏
250 -	丑行难得　艺德亦是	——张春华
253 -	目光灼灼"活曹操"	——景荣庆
256 -	扎根祖国大西北	——李鸣盛
258 -	德艺双馨的"红嫂"	——张春秋
261 -	勇敢做自己的"刀马旦"	——云燕铭
264 -	艺无止境　融汇贯通	——关正明
267 -	自强精进　锲而不舍	——小王桂卿
270 -	守本创新　提携后人	——杨荣环
273 -	爱憎分明　独具一格	——关肃霜
276 -	承上启下的典范	——程正泰
279 -	执着无悔　谦逊进取	——汪正华
282 -	传承风范　谦虚做人	——谭元寿
285 -	因热爱而恒久	——李蔷华
288 -	好学求艺　转益多师	——马长礼

291 -	传道敬业　为戏而生——杜近芳
294 -	济世相传　推陈出新——李世济
297 -	毕生精力　传承梅派——梅葆玖
300 -	硕果满神州——李鸣岩
303 -	对戏热爱　对党忠诚——刘秀荣
306 -	飘洒俊逸　稳练挺秀——张春孝
309 -	博采众长　为己所用——吴钰璋
312 -	师恩大于天——张学津
315 -	家贫志坚　终成翘楚——杨秋玲
318 -	草原上的雄鹰——李小春

作者简介

封杰，中国文艺评论家协会会员、中国戏剧文学学会理事、北京戏剧家协会戏剧评论顾问、清华大学戏曲艺术教育顾问吉林艺术学院特聘教授、沈阳师范大学戏剧艺术学院客座教授、衡水学院客座教授，现就职于国家京剧院。发表文章涉及京剧沙龙、理论研究、菊坛谈往、人物专访、京剧剧评、新剧评论等，达200余篇。主编作品：《京剧名宿访谈》《京剧名宿访谈续编》《京剧名宿访谈叁编》《京剧杰英谈》《封杰京剧文集》《高韵和鸣》《岳上清晖》《京韵剧源》《春韵流芳》等图书及音像制品《京剧大家绝艺录》系列之老生篇·武生篇·旦行篇（壹贰）·丑行小生篇·净行篇·音乐篇·编导篇。获奖：2012年荣获北京京剧昆曲振兴协会颁发的"弘扬京昆艺术特殊贡献奖"；2013年荣获中国戏剧文学学会颁发的全国戏剧文华奖"戏剧专著金奖"；2020年获中国戏曲微电影颁发的"国粹传承使者奖"。

洪露，云南艺术学院音乐学院教师，助理研究员。以第一副主编身份参与《音乐理论与音乐文化素养研究》《思想政治工作创新路径分析》两书的撰写，多篇文章和音乐作品发表于业内重要刊物。曾荣获第二炮兵电视文艺调演"优秀演员"奖，作为团队成员参加"全国首届高校教师教学创新大赛"获省级二等奖，创作歌曲《我在你身边》获"云南网·富滇银行主题原创歌曲项目"一等奖，多年来主持和参与建设多项国家级、省级教改项目和科研项目。

一人千面的"活曹操"——黄润甫

黄润甫初为松筠庵票友,后加入戏班。演架子花脸,以念白和做功见长,善于表现剧中人的性格与内心活动,尤以饰"三国戏"中的曹操著名,时有"活曹操"之称。表演艺术集前辈艺人钱宝峰、庆春圃之大成,而加以创造,形成一种艺术风格,世称黄派。晚年嗓音枯竭,但仍能以铿锵有力的念白取胜。

黄润甫以饰演曹操闻名。他演的曹操,不仅用各种身段去刻画曹操在不同时期、不同场合、不同心情、不同年龄的不同状态,而且还善用表情、眼神去刻画人物的内心活动,确实达到了"一人千面"的水准。黄润甫演《捉放曹》中的曹操,注重凸显其胸怀大志又暂时不得志的奸雄之态。演《战宛城》中的曹操,展现的是一幅沉湎酒色、放浪形骸的样子,然而又和传统意义上的下流登徒子形象截然不同。演《阳平关》中的曹操,重在展现其魏王气概,那种睥睨天下、气势无双的形象给观众留下了深刻印象。

有一次,黄润甫奉旨进宫为慈禧太后演《战宛城》,在被张绣追赶这场戏中,他虽然展现了曹操极其狼狈的一面,但同时又能使其不失奸雄本色,两种情状结合得恰到好处。慈禧连呼:"真是活曹操啊!"又一次,演《逍遥津》中的曹操,当剧情发展至逼挟汉献帝那一幕时,曹操那种欲夺天下的凶恶奸险被他刻画得十足,慈禧看着看着勃然大怒，忘了这是在演戏，竟然大发雷霆要降旨痛责台上的"曹操"。

在《群英会》中，他饰演的曹操依然是一绝，特别是诛蔡瑁、杀张允的那一场，在二将被压走处死时，曹操用冷酷无情的眼神扫视一周，警诫意味十足，仿佛在说：谁敢叛我，我就杀谁！待到执刑者来报"斩首已毕"，曹操拂袖一甩，镇静异常地应了一句"知道了"，接下来舞台上响起"答答答答衣答衣仓"的配乐，暗示曹操此时正在思考蒋干所盗书信到底是真是假，紧接着单皮鼓又响一阵，曹操急将信放到眼前再看一番，神色骤变，将信猛地丢到一旁，接着大吼道："嘿！"紧接着轻声念了一句："吾今错矣！"毕。再念："水军头领换毛玠、于禁掌管。传蔡中蔡和进帐。"后二人进帐："参见丞相，有何将令？"曹："老夫斩了你二人兄长，可有怨恨？"二蔡："违误军令，斩之无亏。"如此一来将曹操奸诈的一面刻画得活灵活现。一声"嘿"，有内疚之意，也有掩饰己过的想法，曹操之奸就跃然台上了，哪怕知

《清风寨》黄润甫饰李逵、张淇林饰燕青

道自己杀错了人，却气定神闲，非常符合他"宁教我负天下人，休教天下人负我"的个性。

黄润甫说："汉之曹阿瞒，宋之欧阳方，为吾所最恨者。故吾演两人之剧时，必穷其奸相，发挥无遗，骂之人愈多则我心愈快。凡我欲状之人，必度其品类，察其性情，考其身世……今之后辈，吾每见其所状之古今人物，不问谁何，漫无区别，千篇一律，此实可鄙者也。"黄润甫深入全面地考究人物形象，投入自己丰富的情感，塑造出了一个又一个立体生动的戏曲人物。

焚券的义伶——梅巧玲

梅巧玲是清朝同治、光绪年间声名赫赫、技艺非凡的京剧名伶，是徽班进京后推动徽调、昆腔衍变为京剧的奠基人之一。

当一个人饱经磨难后，他会怎样对待身边人呢？一般会有三种：第一种是选择冷漠，冷眼旁观，终其一生。第二种是只要我过不好，别人也别想过好，将自己曾经受过的磨难变本加厉地加给他人；第三种与第二种完全相反。梅巧玲就属于最后一类人。

梅巧玲早年曾被江姓人家收作义子，却饱受义父母的虐待，常常忍饥挨饿。后来离开了江家入福盛班学艺，不想又遇到喜欢用硬木板毒打徒弟的班主。不过，梅巧玲为了学到本事也只好强忍。多年后，出科的梅巧玲做了班主，坚决反对师傅打徒弟的做法和同业中的戏班恶习。无论是对待名演员还是普通学徒，他都特别宽容，尊重爱护他们的行为。当遇到"国丧"，所有演出停止，大家没有了收入，梅巧玲便借高利贷来给演员发薪水，以维护大家的日常生活开销。大家也爱戴他，尊称"义伶"。

梅巧玲的朋友有很多，其中一位是同籍的好友，曾当过清朝道光年间科举的探花，真正是学识渊博，而且还精通音律，官至御史。生活廉洁，两袖清风。此人经常和梅巧玲在一起研究京剧的字音和唱腔唱法，彼此往来非常密切，故而交情很深。梅巧玲知道这位朋友平常的生活景况窘迫，如果对方遇到急需周转的时候，梅巧玲总是诚恳地送钱来帮助他渡过难关。而这位朋友也是每次拿到借款时，不管数额多少，总会写一张字条送到梅巧玲的手中。这样的事情持续了多年。

后来，这位朋友在北京病逝。梅巧玲知道后，急忙赶到家中吊祭。按照当时的讲究，交情比较深的吊客有向孝子表示慰问的社会习俗。梅巧玲见到了老朋友的儿子，从兜里拿出一把借据给他看。老友的儿子看完，有些惶恐。表明家里人知道父亲当年曾跟梅巧玲借款的事，可是目前家里实在拿不出钱来偿还，并且一再表示今后一定会如数归还。

《雁门关》梅巧玲饰萧太后

此刻的梅巧玲只是微微地摇了摇头，表示彼此是多年的至交好友，今天来看到知己已亡，心里非常伤痛。说完，梅巧玲将这一把借据放在灵前燃着的白蜡烛上。焚烧完，梅巧玲又拿出二百两的银票交给老友的儿子作为奠仪。然后，梅巧玲黯然而去。

创老生流派　拓表演艺术——谭鑫培

谭鑫培本名谭金福，字望重，京剧演员，工老生。京剧谭派的创始人，被誉为"伶界大王"，京剧界有"无生不学谭"之说。谭鑫培既全面地继承了传统戏曲艺术的精华，又以毕生的心血和精力，为京剧老生表演艺术开拓了崭新的天地。他在全国各式各样的舞台上大放异彩，赢得了观众的广泛赞誉。他为京剧艺术做出的革新和贡献，对后世的影响极其深远，起到了继往开来的作用。

谭鑫培创立的京剧老生谭派艺术，全方位地继承了传统戏曲艺术的风范。他传承了余三胜、程长庚、王九龄的艺术精华，文武兼擅，昆乱不挡，唱、念、做、打全面发展，使京剧老生艺术臻于至美。

谭鑫培的武功根底坚实，身手敏捷，无论是演靠把戏，还是箭衣戏，甚至是褶子戏，他都游刃有余，做到干净洗炼，身段灵活洒脱，如《四郎探母》的"吊毛"、《战太平》的"虎跳"、《八大锤》的"断臂"、《当锏卖马》中的"耍锏"、《翠屏山》的"舞刀"、《李陵碑》的卸甲丢盔等，都有独到的功力；全本《琼林宴》的身段繁重，他演来都得心应手，光彩照人。

谭鑫培善于表现人物的性格、身份及精神气质，对所饰演的不同身份的人物均能达到形神兼备。因此，他一生中创造了许多深入人心的舞台形象。他在塑造人物时，在唱、念、做、打各方面都有自己的独特创造。他有一条"云遮月"的嗓子,特别是经过多年的研习,他结合前辈艺人唱法之大成,并广泛吸取了其他行当,如青衣、老旦、花脸的唱法以及梆子、昆曲和大鼓的音调,将它们巧妙地融入自己的老生唱腔中,以悠扬婉转的声调刻画人物,自成一家。

《定军山》谭鑫培饰黄忠

谭鑫培在创作过程中首先突破了传统的排字句法，大胆运用衬字、虚字作为润腔，以巧变灵活的板式来丰富唱腔，从而形成玲珑多变、轻巧活泼的风格。谭鑫培还以丰富鲜活的技巧来表现不同人物。《秦琼卖马》中秦琼的抑郁感伤、《洪羊洞》中杨延昭的凄怆沉痛、《战太平》中花云的激昂慷慨、《李陵碑》中杨继业的悲愤苍凉、《空城计》中诸葛亮的智谋风范、《八大锤》中王佐的报国忠心，谭鑫培无不演尽其妙，展现出人物的风采。

1905年，谭鑫培在北京丰泰照相馆拍摄了黑白无声影片《定军山》，成为了中国第一部电影，突出了鲜明的民族特色，也结束了中国没有电影的历史。谭鑫培所塑造的老将黄忠，更是不仅注意到形象的真，而且讲求艺术的美，将黄忠的老将风采展现得淋漓尽致，在京剧与电影艺术的结合中，谭鑫培为中国的这两项艺术事业都做出了巨大贡献。

精研戏理　塑造人物——金秀山

金秀山自幼热爱京剧艺术，初为翠峰庵票友，后在德珺如的引荐下正式拜在何桂山门下学戏，钻研铜锤花脸。先后在阜成班、长春和班、同庆班等多个知名班子登台演出，其中，在同庆班时间最长，和谭鑫培配合默契，奉献了多场精彩演出。金秀山嗓音宽大，唱腔洗练，韵味醇厚，气贯满台。

金秀山嗓音极具个人特质，浑厚响亮，雄劲有力，唱腔上不仅能展现何桂山式的实大声宏，同时还能发出穆凤山式的圆润婉转。金秀山尤擅鼻音，能十分娴熟、自然地演绎［二六］与［流水］。例如，在《刺王僚》这部经典剧目的［西皮二六］中，他摒弃了那些相对粗俗的加字，转而巧用鼻音，圆润之余足见棱角，唱将起来气贯长虹，苍劲又不失秀雅。金秀山展现了穆派之灵，摘除了穆派之俗，不会给听众贫厌之感，简约之下透露着大气和醇味。他演戏的窍门在一个"巧"字，该用力的才用力，使鼻音也分轻重软硬，如《草桥关》"慢转过百花亭"的"亭"字用软鼻音，更觉悠扬细致，余音袅袅。他的唱如"精金璞玉"，"精金"指坚硬，"璞玉"指浑成，并能济以"苍音"。

金秀山的念白颇有辨识度，真正做到了实大声宏，性格色彩一览无遗，念京白戏更是他的拿手项目。他出身满洲八旗，又频频现身内廷舞台，和那些有权势的太监接触颇多，因此对该群体的音容笑貌甚是熟悉并将之融进了戏中。他的擅长剧目是《法门寺》《忠孝全》，尽管台上以太监身份示人，然而性格分明，各有千秋。演刘瑾则以表现骄倨为主，而《忠孝全》里的王振最后念道"一朝龙颜怒，谁来搭救咱"，却是语带苍凉、无限感慨，形容太监无子，看人生有佳儿不禁羡慕，念来既符合人物性格又感情真挚。

金秀山在演老将方面也是得心应手，既可在《草桥关》中饰演姚期，又可在《群英会》中饰演黄盖，还可在《空城计》中饰演司马懿等。他在舞台上呈现这类步入暮年的武将时，能在显外表之衰老的同时展现其内在的英武，进而给观众一种"虎老雄心在"的感受。如《阳平关》中的曹操，他演来既表现出老态，又展示了曹操作为魏王的高贵地位。再如《群英会》中的黄盖，虽然有走瘸子步的身段，却依然表现出黄忠的老将之心。金秀山无论是在做工上还是在表情上又或

《忠孝全》德珺如饰秦季龙、金秀山饰王振、韦久峰饰秦洪

是在身段上均做到了细腻非常，和其宏大深厚又苍老苍凉的唱工相得益彰。

金派艺术除了金秀山之子金少山承其父业颇有建树之外，其还教出了不少知名弟子，如郎德山、讷绍先等；值得一提的是，铜锤花脸还有郭厚斋等人，这些人尽管并非金秀山的弟子，然而他们依旧是金派之风。金秀山个人造诣颇深，更是创立了金派艺术，为京剧净行的发展做出了杰出的贡献。

一代爱国"伶圣"——汪笑侬

汪笑侬自幼聪颖好学,喜好京剧,尤擅展现悲愤慷慨的情感,这一点在《战长沙》等剧目中均有体现。其表演浑然天成,唱功深厚,集汪桂芬、谭鑫培、孙菊仙等名家之长,贯通徽、汉二调,辅以个人见解自成一派,被称做汪派。

汪笑侬学识不俗,作诗填词不在话下,其创作了多部京剧剧目,改编数量也颇丰。他认为应赋予剧本足够的文学性,在合理编排情节的基础上,还应做到情文交融,方便演唱。由其创作或改编的剧本大部分以真实历史故事为参考,借古喻今,针砭时弊。对清政府的无能和昏聩,满怀激愤,先后自编自演了20多出戏,旨在揭露时局弊政。其中,著名的有《瓜种兰因》《骂王朗》《骂阎罗》《党人碑》《马前泼水》《桃花扇》《马嵬驿》(后扩充为《风流天子》)《排王赞》《煤山恨》《哭祖庙》《受禅台》《长乐老》《缕金箱》《骂毛延寿》等。

汪笑侬一生坎坷,目睹清政府丧权辱国与袁世凯政府卖国的黑暗现实,满腔激愤尽寄于舞台歌咏。1898年,戊戌变法失败,六君子就义之前,谭嗣同长吟。事后,汪笑侬痛呼:"他自仰天而笑,我却长歌当哭!"便编演《党人碑》,演绎北宋时期谢琼仙酒醉后怒斥元祐党人碑的故事。剧中谢琼仙在痛斥蔡京、高俅、童贯等权臣把持朝政,倒行逆施的表演,实际指向戊戌政变中的顽固派。《哭祖庙》《受禅台》

《张松献地图》 汪笑侬饰张松（左）

《排王赞》《煤山恨》《骂阎罗》《骂安禄山》《骂王朗》等戏，通过刘谌、汉献帝、崇祯帝的亡国之痛，以及郭胡迪、雷海青、诸葛亮的斥骂奸逆，尖锐抨击了清末民初的腐败政治。《哭祖庙》写三国末年，魏将邓艾兵临成都，北地王刘谌谏后主刘禅力战，不从，回府杀了妻子，于祖庙哭祭昭烈帝刘备，自刎而死。刘谌"哭庙"一场，八十多句［反二黄］一气呵成，借刘谌的悲愤抒发作者情怀，动人心魄。《骂阎罗》写南宋书生郭胡迪，闻得岳飞父子被奸相秦桧杀害，愤懑难平，乃打倒东岳庙神像，又题诗阎君秦广辉殿粉壁，指斥天地可欺、善恶无报，表现了难以抑制的愤世嫉俗之情。这些戏表现了汪笑侬对国事日非、众生不醒的感慨。

他满怀爱国热忱，但寄希望于圣君、贤相，因此，在对现实揭露、批判之余，往往流露出无限惋惜的心情。时人诗云："益都片瓦已无存，蜀道谁寻杜宇魂。付与当筵作歌哭，可知优孟亦王孙。"即指出作者的这种思想感情。他第一次赴上海时，编演《瓜种兰因》《法律精神》等时事新戏，又参加《宦海潮》《张文祥刺马》等戏的演出，是戏曲改良主张在表演艺术上的实践。

始于热爱　终于专研——龚云甫

龚云甫工老旦，是京剧老旦龚派创始人。初习老生，受孙菊仙提携进入四喜班。孙菊仙认为龚云甫的先天禀赋和老生不甚相称，于是建议他改唱老旦。

他在生活中给人以慈祥俊迈老婆婆的形态，就像一个老太太。他饰演《钓金龟》中的老贫婆康氏、《辞朝》中的太后，其天生的形象加分不少。他对于老旦的发展属于"开宗立派"的人物。当时老旦行只演配角，所以老旦的人才缺乏，可以说竞争压力不大。毕竟，京剧是角儿的艺术，甘当绿叶的毕竟是少数。既然不是主角，更谈不上演以老旦为主角的剧目了。这属于一片空地，只要占领就是空前的存在。龚云甫也是一个有想法和自我认知的人，懂得听取意见，也懂得取长补短的道理。他觉得能成为响当当的四喜班中的一员已颇为不易，且能得到这般指点和提掖，心中唯剩感激。于是，做了此生最重要也是最正确的选择，改唱老旦。

孙菊仙还为龚云甫推荐拜熊连喜为师，相继学了他的《游六殿》《钓金龟》《滑油山》等戏。等到机会来临，占尽天时地利人和，声音、扮相均十分贴合老妇，嗓音充沛有力，表情上也达到了传神之境，登台后立即赢得了观众们的交口称赞，自此之后闯出了自己的一片天地，成为了大家。龚云甫在四十岁后被选入清升平署外学，地位再上新台阶。演出《太君辞朝》等戏,多见精妙之处,广为称道。之后于淞沪、津塘等地登台献艺,不久名传远播,成了北京、天津、上海炙手可热的名角,声誉更隆。

《钓金龟》龚云甫饰康氏、慈瑞泉饰张义

有句话说外行看热闹，内行看门道。要得到行业的认同，往往需要下苦功夫。有一年梅兰芳拟于开明戏院演出，剧目是《六月雪》和《斩窦娥》，特邀请龚云甫前来助阵，由其出演老婆婆。三九寒天，还飘起了鹅毛大雪，龚云甫不幸患上了重感冒且高烧不退，他担心拖累梅兰芳的演出，硬是临时打针吃药支撑自己上场。表演开始后龚云甫十分冷静，台下观众也无人察觉异常，最终顺利完成了演出，这一幕给梅兰芳留下了深刻印象，甚至感动得落泪。卸装之后，梅兰芳为表示对龚云甫的关怀和感谢，亲自送其回家，还差人寻来一棵年份颇足的吉林老山参给龚云甫补身体。

占尽天时地利人和的龚云甫更是用老旦演出大轴，创始了京剧正工老旦的行当。他在唱念做上有着独到的个人见解，不随大流，下苦功钻研和修炼，执着于创新，形成了独树一帜的艺术风格。

一生桃李满天下——陈德霖

陈德霖十二岁入京师恭王府全福班学昆旦,艺工青衣。之后入四箴堂(即三庆班)科班。曾创办承平班社,后更名为福寿班社。1890年,获民籍学生身份并借此入升平署。陈德霖是清光绪之后青衣行当的集大成者,他不局限于对老派传统的继承,还对唱法做了一定创新,台上所呈之角色无不令人叹服,被业内人士誉为"青衣泰斗"。

陈德霖在推动戏曲教育事业发展上做出了颇大贡献,在京剧界享有"老夫子"的尊称。清光绪年间,陈德霖同谭鑫培、汪桂芬、孙菊仙等人常常承应宫里传差。王瑶卿、梅兰芳、姜妙香都是陈德霖的弟子,陈德霖对学生要求很严,经常告诫学生"咱们要唱到老,学到老;切记满招损,谦受益"。他对梅兰芳说:"干咱们这一行的,就需要外界的帮助。应想方设法地去了解广大看主的观感和意见,哪怕是只言片语也有其益处。同行之间很多时候顾及脸面,有话也不愿说,对名角光说奉承话。看主是买票看戏,你有点不好,人家就要议论、指责。俗话说:'当局者迷,旁观者清。'所以寻求'局外人'的帮助必不可少,应保持'闻过则喜'的心态,将那些敢于指责、不吝赐教的人视作良师益友。"

陈德霖一生虚怀若谷、谦恭和蔼。他认为同行不应成为冤家,只有同行团结合作,才能把戏唱好。他是这样说的,也是这样做的。他生前从不与人争戏码、争排次、争戏份儿，尽自己所能来帮助别人，提携后人。晚年的陈德霖经常上演且最受欢迎的是《二进宫》和《探母回令》，尤其是《探母回令》，他以铿锵的唱腔、清脆的京白、庄严的台步，将萧太后塑造得入木三分。梅兰芳、尚小云、程砚秋演《探母》时一定要与陈德霖合作，不但全剧生色，还能多上几成座。

《断桥》陈德霖饰白蛇、余玉琴饰小青

陈德霖能戏很多,昆乱不挡。他擅长很多昆曲戏,如《游园惊梦》《刺虎》《琴挑》等,许多名演员都曾向他请教,如梅兰芳演出的《奇双会》《水斗》《游园惊梦》,都是陈德霖一招一式、认认真真地教授的,后来成为梅兰芳的拿手戏。而陈德霖耐心传授、培育后进,才使京剧散发出灿烂的光芒。他常常告诫学生:"今天我教给你们,将来你们也要再教下一代,代代相传。你们在传授的时候只要他们根底打瓷实,可以根据他们的条件,千万不要生搬硬套,最好是帮助他们自立门户,这样舞台上才能千变万化,越变越好。"

京剧界有种说法"艺不轻传",但对陈德霖而言,却能做到"艺要精传",他认为要传就要传精了,"只要我还能有精力,哪怕是一点点,我也应当尽最大的力量做好最后的义务。"

力战夸雄武　英雄敢死队——潘月樵

潘月樵艺名小连生。辛亥革命时被誉为梨园革命家。七岁丧父，十四岁丧母，由于幼年家境贫困，便投师学艺，初学梆子文武老生，后改攻京剧老生，擅长做派戏。民国初年，潘月樵积极投身反袁斗争，失败后受到反动政府通缉，遂改和尚装束逃脱。

光绪年间，天津的戏曲艺人纷纷南下寻求发展。在这股潮流下，潘月樵带着兄弟、侄子去了上海，搭入老天仙茶园班。庚子国变后，他自编自演《新茶花》《黑奴吁天录》《潘公投海》等新戏，很快红极上海滩。除了唱戏，潘月樵还有超凡的组织能力，大家推举他兼任上海戏曲界商团的负责人。

1911年11月3日，革命军在筹划多日后向上海江南制造总局发起攻击，起始阶段战斗胶着，守军抵抗颇为顽固。革命军组织的数次冲锋均以失败告终，陈其美在谈判期间被守军扣押，情势到了十分危急的关口。此时商团司令部里出现了不同寻常的一幕，一个头裹黑布，身着黑色缎裤，外面罩着一件黑色斗篷，腰中佩带一把指挥刀的人出现了，就好像舞台上将军的打扮。他口齿清楚，精神饱满地向司令汇报战况。事毕行了一个标准军礼，随后飞身上马，接着回首扬鞭，满怀信心地对在场诸人说道："等我们胜利的好消息吧！"

在此次战斗中，潘月樵所在的伶界敢死队一马当先，发挥了非常重要的作用。在革命军进攻受阻时,他想到了火攻办法,让守军陷入一片混乱,革命军趁势攻破了守军防线。期间潘月樵斗志昂扬,往往冲锋在前,"其臂臀受伤不自觉,其衣褥血染皆赤。"正是在壮士们的拼搏下,八角星旗终于在上海迎风飘扬。后来有人赞曰:"汗马功劳戏里看,有谁真个跨征鞍。裹创力战夸雄武,潘月樵真敢死队。"

此战结束之后,潘月樵由于负伤不轻而不得不居家静养,然而他依旧心系前线,时刻关心着江宁战事,恨自己无法亲临一线。他给陈其美的信中提道:"月樵既未能身历戎行,以尽国民之职,而毁家助饷,岂肯让美于前人?"潘月樵向上海军政府慷慨解囊,无偿捐助1000元,又组织了多次义演。潘月樵有功于革命,这一点获得了陈其美和孙中山的认可,不仅授予他少校军衔,还向其颁赠了"急公好义"这一象征非凡荣誉的鎏金勋章。

潘月樵的证书

潘月樵还对中国传统茶园戏台进行了改创，使之成为半月型镜框式舞台，形成了令人耳目一新的"新舞台"，于当时乃首创。并依托新舞台相继推出了《黑籍冤魂》等新戏，针砭时弊，"以改良戏剧，为开通社会之先声"，潘月樵等人也因此有了"中国的哥伦布"的美誉。

热心公益　古道热肠——尚和玉

尚和玉善武生，是尚派武生的创始人，拥有十分扎实的基本功，腰腿功夫一流，武技精湛、沉稳，无论是身段还是把子抑或是工架均做到了气度非凡，台风以大方为主，沉着冷静之中透露着凝重。尚和玉拥有相当不错的昆曲底子，戏路比同期演员宽上不少，武生、武净、长靠、短打都功力非凡，尤擅勾脸戏，在长靠戏上甚为拿手。手、眼、身、步均法度森然，更难能可贵的是，尽管武技惊人，然而他不喜卖弄，强调剖析剧情，旨在合理展现方方面面，包括角色性格、身份、心理状态等。他在《神亭岭》中饰演太史慈，以踢腿动作下场；在《芦花荡》中饰演张飞，展现了纯熟的走边技艺；在《铁笼山》中饰演姜维，传神展现了姜维点将传令的风采；在《四平山》中饰演李元霸，捻转双锤的技艺赢得满堂喝彩。以上均充分考虑了特定环境，实现了对人物的丰满塑造。尚派艺术一招一式都颇为硬朗、棱角分明。做工上求稳、求准、求狠、求帅、求脆。以期向观众展现功架扎实、威风无比的大将军形象。扮相上威风十足，表演上接地气，颇得"威猛凝重、朴拙遒劲"之美学意蕴。在武打程式上，尚和玉不拘于传统，进行了不少创新。《长坂坡》中饰演赵云，抱枪采用的是令人耳目一新的"琵琶式"，和曹军大将曹洪枪换刀之后依旧神勇无比，有了"大刀战四将"这一幕。《窃兵符》中饰演白起，以一丈长的铁链做兵器，开打之后或双折或四折,时作长枪、大刀,时作鞭、锏,不惧鬼魂,激战桌上,展现了朝天蹬、筋斗翻等高难度技艺。

尚和玉热衷戏曲教育事业,曾供职天津稽古社,向社会输送了一大批基础扎实、技艺颇佳的京剧武生。在京剧艺术体系中,尚派武生艺术是一颗璀璨明珠。

《惜惺惺》尚和玉饰李元霸

尚和玉不仅是一位杰出的京剧演员，还是一位古道热肠、热心公益的艺术家，参加义务演出无数。1912年1月2日，他参加了在天津举办的冬季赈灾义演。1921年11月29日—12月1日，参加了在上海举办的为河南水灾筹赈灾款义演。1930年1月27日，参加了梨园公益会在北京第一舞台举办的义演。1935年12月21日—22日，参加天津慈善联合会在北洋戏院举办的冬赈义务戏演出。1941年1月7日，参加了天津市冬赈委员会在中国大戏院举办的义演；1月21日，参加了天津市梨园公会在中国大戏院举办的义演。

1951年，他积极参加为抗美援朝捐献'鲁迅号'飞机举行的义演，尚和玉以79岁高龄上演了40年来没动过的《晋阳宫》，坚持演完其中'舞锤'一场。他扎着大靠，手中的双锤上下翻飞，锤顶锤、把顶把，直扔、侧扔、前接、背后接，轻松自如，纵跳腾跃，稳准利落。偌大年纪，台上威仪英武，精神饱满，一丝不苟，令人折服。这一系列高难动作，自始至终掌声不断，高潮迭起。

无论是稳重凝练，独树一帜的艺术风格，还是朴实无华，深沉敦厚的人格魅力，尚和玉在行内和行外中，都受到广泛的尊重和赞誉，颇有人缘和台缘。

"武生泰斗" 再现英雄风范——杨小楼

杨小楼艺工武生，幼时入小荣椿社学艺，师从杨隆寿、姚增禄、杨万青。十七岁出科，在北京、天津两地搭班表演。得谭鑫培、王楞仙、王福寿、张淇林、牛松山等的指点，拜俞菊笙为师。二十四岁搭入宝胜和班。与谭鑫培同在同庆班，经谭氏奖掖，成为挑大梁的武生演员。杨小楼在艺术上继承家学，师法俞菊笙、杨隆寿，同时博采众长，逐渐形成独树一帜的杨派。

杨小楼身材魁梧，扮相英伟，嗓音清脆洪亮。唱、念具有张二奎的遗风，吐字清脆挺拔，行腔圆润朴实，表达角色感情准确真切，唱腔气力充沛，喷吐着实，声音浑厚饱满而富有韵味。念白抑扬顿挫、字字分明，于语气的细微毫末间传出角色的神情。他的武打精美朴实，在人物掌握上力求体现意境，追求神似，虽是演绎武戏但着力表现人物的刻画，形成独特的风格。

杨小楼的表演运用各种技巧，首先从人物和剧情出发，讲究精当贴切，着力体现意境，重在追求神似。他把京剧武生艺术发展到了一个新高度，他所演出的剧目和塑造的人物成为后学者的典范。杨小楼在京剧舞台上塑造的赵云、高宠、姜维、高登、项羽、孙悟空、金钱豹等艺术形象，突破前人窠臼，自成风格，再现了中国历史上英雄人物的风范。

《坛山谷》杨小楼饰姜维

在《长坂坡》"宿营"一场中,杨小楼饰演的赵云枕戈待旦,他演来只双目微合,以眉宇间的细微表情显示人物内心的高度警觉与自信。在赵云怀揣阿斗大战众曹将时,杨小楼的步法、枪法稳准扎实,塑造了一位具有万夫不当之勇的大将形象,将赵云的忠勇展现在观众面前,赢得了广大观众的好评。杨小楼所扮演的《霸王别姬》中的项羽,举手投足都表现了一代英雄激烈复杂的内心活动,这位曾经叱咤风云的霸王,如今在一场生死搏斗中走到末路,他的慷慨悲歌摄人心魄。杨小楼的表演能够充分激起观众同情,与此同时,也让人反思历史,从历史人物身上吸取教训。

在日常生活中,杨小楼性格沉静,不喜交游。除了演戏之外,他时常闭户读书,研习书法,对所演剧目大多自行修改润色。20世纪30年代,杨小楼已届晚年,他编演的《甘宁百骑劫魏营》《坛山谷》中仍有大段念白,说明军人有守土之责,当誓死抗敌,保卫疆土,激昂慷慨,在抗战的特殊时期,大力宣扬了爱国主义思想。

艺高德更高——萧长华

萧长华从 1904 年开始到 1940 年一直在喜（富）连成科班任教，为班社兢兢业业地服务了 36 年，1949 年之后供职于中国戏曲学校，以教戏为主职工作，师德高尚，堪称业界楷模。在 60 多年的教学生涯中，他培养出的人才已达上千之数，称得上桃李满天下。他专攻丑行，在该行当是一位承前启后式的重要人物，是继清末名丑黄三雄、杨鸣玉、刘赶三之后的又一代名丑，有"丑行宗师"的美誉。

1949 年初，年逾古稀的萧长华迎来了北平解放，他对解放军的到来表示热烈欢迎。北平是京剧艺术的发源地，哺育过一批又一批的京剧从业者，在新中国成立后迎来了新生，老艺术家们欣然接受，满怀憧憬。强烈的翻身感点燃了老人的激情，为了感谢共产党的知遇，萧长华重返教学一线，为新中国京剧人才的培养做出了巨大贡献。萧长华成了中国戏曲学校的一员，并先后担任了教授、副校长和校长。成立大会上，萧长华表示"党和政府坦诚相待，人民托以重任，这是一件令人自豪的事。唯有将残躯投向教育事业，培养好人才，才不负国家所托和人民期望"。

萧长华是一位说到做到、注重实践的人。校舍规划、校园绿化、学员招收及毕业，凡此种种他均有参与，是责任感和使命感激励着他一直坚守在教学一线，事必躬亲，且寒暑不辍，风雨无阻。并且为学

《蒋干盗书》萧长华饰蒋干

校推荐了一批身怀真才实学的教师传艺,还亲自为学生排演了多出表演技艺精良的剧目。对于授课教材的编排,他不仅强调精益求精还强调敢于创新,让学生受益,观众乐见。作为校长的萧长华担心学生营养跟不上,自掏腰包为学生购买鸡蛋等物品,夏天还为学生提供解暑用的西瓜，每逢节庆还会向学子们提供应节之物。校园的植树绿化，萧长华也是掏钱购买树苗。萧长华对自己的衣食住行极为节俭朴素，在他平日里布衣布鞋，吃窝头片，食素汤面，自制咸菜更是其日常下饭菜，然而当有梨园同行来求，他必定不会吝啬。"为人处世，信字当先，可保一世无差。"从这段萧长华写的话中，其精神品格可见一斑。萧长华提出的"信"字，不仅是信念的信，同时还是信义的信，于他而言一诺千金是一种高贵品德。他指出，人生在世应当不懈追寻大德、大善、大爱、大美，这也是京剧人永远遵循的永恒规矩。

通天教主　桃李天下——王瑶卿

　　王瑶卿九岁由田宝琳开蒙，后被谢双寿收为弟子，同时向杜蝶云、张芷荃学青衣和刀马旦。十九岁进福寿班，又向李紫珊、时小福、陈德霖等求艺，吸取不同流派风格的营养。1906年，入同庆班，为谭鑫培所器重。1909年组班演出，改变了老生独揽的局面，形成独树一帜的王派。王瑶卿的唱腔清丽俏润、爽利清朗，其艺术不拘一格、博采众长、融会贯通。他敢于打破传统旦行的界限，所以能创作出综合花旦、青衣、刀马旦特点的花衫艺术，王瑶卿创造的优美的舞台形象，展现了精湛的表演艺术，成为京剧旦行的楷模。王瑶卿文武兼备，昆乱不挡，又会唱腔又会排戏，是京剧艺术的全才。

　　他所塑造的舞台形象数不胜数，但往往都有一个十分明显的标志，那就是通过剧中人物和情节传达出积极向上的思想内容。如《木兰从军》《金猛关》表现保家卫国、抵御外辱、不畏生死的爱国情怀；《孔雀东南飞》《穆天王》表现反抗封建糟粕制度、追求女性自由、向往自主婚姻、勇敢追求幸福的抗争精神；《十三妹》《庚娘》表现女性胆识过人、有勇有谋、智勇双全和敢于反抗暴行压迫的英勇精神；以及传达出民族团结友好共存、反对争斗排挤等先进思想的各类"旗装戏"。这些积极的思想无论在哪个时代都具有激励人心的效果。

　　新中国成立初期，王瑶卿被任命为戏曲改进委员会委员、戏曲实验学校教授。1951 年，担任中国戏曲学校校长。1952 年，为支援抗美援朝捐献飞机，老艺术家们纷纷请缨要求粉墨登场，举行义演，年逾七旬的王瑶卿，亲自担任舞台监督，在大众剧场进行了五场义演，将全部收入捐献给抗美援朝总会。

《南天门》王瑶卿饰曹玉姐、谭鑫培饰曹福

王瑶卿在京剧人才培养上也尽其所能。"我已经是七十一岁的人了，看到了新中国，看到了艺人翻身，国家瞧得起我，我还有什么说的呢？我只有发誓献身于人民，全心全意地为人民服务！同学们，你们要好好地学习。凡是我所学所会的，将毫无保留地倾囊以赠！"王瑶卿完全实践了他的誓言。

王瑶卿在六十年中所表现的创造革新精神、培养人才的负责态度，为京剧界树立了光辉的榜样。他是京剧史上一个承上启下的焦点人物，也是京剧整体风格的一个转折点，他的一生，对京剧事业鞠躬尽瘁。

开创武旦先河——阎岚秋

阎岚秋艺名九阵风,京剧阎派的创始人。幼时坐科于杨隆寿主持的小天仙科班,曾在福寿班充当武行,得方二群传授,专攻武旦。后得其岳父朱文英传授,技艺日精。阎岚秋的腰功柔若无骨,跷功扎实稳健,武打行云流水,出手翩若游龙。演武戏时善于把握剧情,能结合人物背景凸显其特点,不执着于武技的片面展示。在武旦技巧上精益求精,多有推陈出新,如单指捻鞭等精彩绝伦的武技便是出自他手,被尊为"武旦泰斗"。

阎岚秋天资聪慧,又能吃苦,进步自然是快的。他又善于观察和总结,对于京剧有自己的理解与感受。他结合朱文英、方二群的表演教学,以及当时表演的普遍情况,发现当时的武旦只注重武技,不注重表演,因此人物显得单薄,不生动。他融会贯通,强调讲戏情、演人物,无论演人、演神、演妖,在唱念做打上均有创新做法,逐渐创造出了阎派。

武旦演员要想有表现力,首要的是身上的功夫。身段要美,这样就要求演员有极深的功底。阎岚秋的武功根底深厚,他自行领悟和编创了刀枪把子技艺,耍将起来能达到戏无处不在的境地,挥舞时刀枪把子迅捷无比,好似流星,而身子会随着刀枪适时动作,或倚或正或俯,不一而足,无不给观众以轻盈翩跹之视觉感受。

武旦既然是武字当先，无快不破，自然是干脆利落。阎岚秋的身手轻捷灵快，开打勇猛严谨，尤以跷功稳练、出手迅捷著称，并且还多有创新。

《打花鼓》阎岚秋饰少妇

武旦演员要想有"旦角"的美感，就要有女性的娇媚。阎岚秋演戏的主要特色就是讲究美、媚、脆。最突出的是"武打"技巧的性格化。他在打出手上做了进一步创造，《取金陵》中打出手套路有大幅增多，各式人物手持不同兵器，出手套路自然也要做出适宜改变，不可千篇一律。阎岚秋的"打出手"堪称一绝，不管是常见刀枪抑或难控的双鞭，只要耍起来便如同粘在了手脚上一般，间歇中，他往往会犹如风流自赏一般扭着柔软身子迈开碎步，此种"扭"不仅不别扭还增添了不少美感。还有出场的步法，走快步像跳出来一般，为后人所模仿。

民国初年，是阎岚秋最兴盛时期，当时他的票房、排名具是靠前。九阵风的艺名先是在外地享盛，而后名转于北京走红。天津有"九阵风刮倒一杆旗"之说，上海有"九阵风吹灭了一盏灯"的赞誉。在当年以武旦戏码能达到如此位置，可以说开创了梨园界新纪录。

提携梅兰芳——王凤卿

王凤卿为汪派传人,初习武生,后改攻老生。师从陈春元、李顺亭、崇富贵、贾丽川等。十四岁参加四喜班演出。汪桂芬赏识其艺,将他纳为弟子,传授拿手剧目《朱砂痣》《取成都》等。1908年,王凤卿被选入升平署。他曾与梅兰芳合作演出《宝莲灯》《汾河湾》等戏,珠联璧合。

1913年,梅兰芳作为王凤卿的二牌青衣,随王凤卿第一次下江南,在上海丹桂第一台演打炮戏三天。最初上海戏园对梅兰芳并不是太看重,订合同时,王凤卿每月包银为3200元,而梅兰芳只有1400元,后经王凤卿力争,才加到1800元。11月4日,是梅兰芳在沪首次登台。三天戏码分别为:第一天大轴戏是王凤卿的《朱砂痣》,压轴戏是梅兰芳的《彩楼配》;第二天同样,大轴戏是王凤卿的《取成都》,之前是梅兰芳的《玉堂春》;第三天就是王凤卿与梅兰芳合演的《武家坡》。初到上海的梅兰芳因扮相好、嗓子好、身段好,一下子吸引了上海观众,首场演出有些观众听完他的《彩楼配》,还没等压台的王凤卿出场,便开始离场。王凤卿见状,主动找到戏院老板,要求将自己和梅兰芳的戏码调换一下,让梅兰芳唱大轴戏,自己唱倒数第二的压轴。

王凤卿的提议,让戏院老板犯了愁,因为当时从名气上来讲,王凤卿属于大腕级,而梅兰芳不过初出茅庐,大轴之位理应归王,况且大轴戏的包银肯定是要更高的。王凤卿马上向老板说明,可以把自己的包银分给梅兰芳一部分。后来戏院老板感动于王凤卿提携后辈的举动,见二人合作融洽,观众上座率高,不仅给了二人同样的包银,还特意安排丰盛的夜宵招待两位角。席间大夸梅兰芳既能唱又能做,既有扮相又有嗓子,绝没得挑剔。王凤卿随即向老板提议让梅兰芳"压一次台",按上海梨园界规矩,在主要的戏之后要加演一出由班底演员演的小武戏,名曰"送客戏",也称"压台戏"。这出戏往往是一出热闹的武戏,火爆炽烈,既能够给大家以艺术的满足,又能够给整场演出一个美好的结局。戏院老板欣然答应。11月16日,梅兰芳的"压台戏"登场,临时学演了《穆柯寨》,大受欢迎。

《四郎探母》王瑶卿饰铁镜公主、王凤卿饰杨延辉

梅兰芳非常感谢当年王凤卿对自己的提携，二人长期合作，数十年如一日。王凤卿去世后，他在《悼念汪派传人王凤卿》一文中提到"四十六年前，我和凤卿一同到上海演出，他在艺术上对我的鼓励、扶植，向文艺界对我的揄扬、介绍，都是十分诚恳的。最使我难忘的是，有一天他拉着我的手说：'兰弟，从现在起，我们永远在一起，谁也不许离开谁。'"要知道当时王凤卿早已成名，梅兰芳初出茅庐，王凤卿的话，让梅兰芳非常感动。

高风亮节　传艺后人——李桂春

李桂春艺名小达子。十三年岁入河北梆子科班。出科后改演京剧老生、武生，宗法京剧的黄派艺术。1931年后长期在上海演出，擅演剧目很多，京剧以演《独木桥》《风波亭》等著称，河北梆子以演《回荆州》《蝴蝶杯》等驰名。新中国成立后任河北省戏曲学校校长，虽古稀高龄，还常做示范演出。

李桂春少壮时奔天津、闯关东、留上海，见日本、欧美诸帝国主义欺侮同胞。自二十世纪三十年代初，日寇发动侵华战争以后，祖国大好河山已处于他们铁蹄之下。1931年九一八事变后，华北局势日趋紧张。国难当头，李桂春引以为忧。翌年，他再度受聘赴上海演出。然而，李桂春在上海深感欺辱，实非久留之地，且厌烦了仰人鼻息、曲意逢迎的营业性挂牌演出。传闻梅兰芳为了爱国，谢绝舞台，息影港岛，蓄须居家，受到中外人士的崇敬。李桂春与梅兰芳不谋而合，忧国之心亦同，遂于七七事变的翌年，坚决地告别上海，结束了长达三四十年的舞台生活。

李桂春从上海北返天津后，为了传授技艺，开设了科班"鸿春社"，招徒十余人，聘请丁永利、尚和玉、娄廷玉、张德发等任教师。通过名师教授，不久，"鸿春社"艺徒们均被培养成佼佼新秀。

在此期间，正值华北沦陷，全国战火弥漫，敌伪气焰嚣张。李桂春既要明哲保身,也得虚与委蛇,处境极为困难。到 1945 年,抗战胜利,此时李桂春已年逾花甲,且政局动荡,国民党统治腐败,群情沸腾。然而,若有公益事业筹办义演活动,李桂春仍积极参加,决不后人,无论梆子、皮黄,表演技艺都不减当年。1948 年 4 月,天津市成立戏曲协会,名票王庾生出任理事长,特邀李桂春、刘汉臣等主持工

《凤凰山》李桂春饰薛仁贵

作。此时，李桂春见李少春已享盛誉，后继有人，无限欣慰；暇时亲自为少春把场照料，尤其不许接近权势女眷，以免招惹是非，防患于未然。李桂春在祖国沦陷及抗战胜利后的一切表现，昭昭在人耳目，可谓高风亮节，受人尊重。

京津解放后，劳动人民出身，幼年备尝艰辛的李桂春心花开放。1954 年，天津市文化局主办第一届戏曲观摩演出会，在中国大戏院揭幕。李桂春参加会演，他的梆子唱段示范表演荣获奖状。不久，出任河北省政协委员。他认识到，应为祖国贡献余热，遂全心全意从事教学，于 1961 年接受中国戏曲学校聘请，担任教授，兼任河北梆子剧院副院长，旋又创设河北跃进青年梆子剧团，自任团长，亲授青年新秀《大蝴蝶杯》《南北合》《打金枝》等剧的唱做基本功，为振兴戏曲立下了不可磨灭的功勋。

德艺双馨的净行艺术家——郝寿臣

郝寿臣工架子花脸。历经数十寒暑锤炼,不仅掌握了金秀山铜锤的精髓,也熟稔了黄润甫架子的技艺,且实现了对两大艺术的有机交融,唱念上颇为独特,形成了"架子花脸铜锤唱"这一别具一格、魅力十足的郝派艺术,擅凸显气魄,唱念韵味深沉,工架极稳极凝,表演天成。郝寿臣艺术态度一丝不苟,尤擅表现人物,参演过的剧目不下220出,扮演过的角色超过160个。与侯喜瑞、金少山并称"净行三杰"。郝寿臣活跃于二十世纪的京剧舞台,在推动净行发展上扮演着重要角色,其开创的郝派艺术巩固了架子花脸的做派和工架,还进一步提高了唱腔与念白的占比,使得架子花脸获得了新一轮发展,不再局限于附属地位,甚至使其获得了挂头牌的崇高艺术地位。

郝寿臣不仅于表演上技艺高超,并且心系家国,具有崇高的爱国情怀和责任担当。他在一生中多次参加义演,为灾民筹集资金。1938年9月14日,为救济黄河水灾的灾民,北京伶界演出义务戏。郝寿臣与李万春、荀慧生合演《战宛城》。1939年2月14日,北京同义会济贫义务戏第二天,他与小翠花、李少春等人登台演出。1949年,为庆祝新中国成立,郝寿臣、梅兰芳及萧长华等京剧名家齐聚一堂,在怀仁堂携手演绎了《龙凤呈祥》,彼时已阔别舞台10多年的郝寿臣不惜剃须登台，风采依旧。1950年，身负盛名的郝寿臣受到了中国戏曲研究院戏曲实验学校的诚挚邀请，被聘为教授。任教期间，郝寿臣一丝不苟，将教学当成头等大事来抓，培养了数量不少且水平颇高的戏曲人才。当年春郝寿臣还得到了毛泽东等国家领导人的接见。

《红逼宫》郝寿臣饰司马师

1951年，抗美援朝战争爆发，为了支持志愿军，国人纷纷踊跃捐献，老艺术家也积极参与其中，自发组织了多场颇具规模的捐献义演，65岁的郝寿臣不辞劳苦，义演多场，各场均压轴出演。在10月31日，他与李桂春、张德俊等演出《巴骆和》，饰演鲍自安。这是一场纯粹的义演，所得均会捐出，用于采买时需的"鲁迅号"飞机。郝寿臣的爱国之心，在他的行为实践中得已完美体现，让人肃然起敬，为之动容。

1956年，郝寿臣出任北京戏曲学校校长，他深入教学一线，教学之余还十分关心学生的生活状况。为保证义演的顺利进行，亲率众多弟子组织了一场颇具规模的花脸大会。郝寿臣虽说是京剧净行郝派创始人，然而其涉猎广泛，在精通本派剧目基础上，无论是铜锤还是架子又或是其他一些行当均做了相应钻研和传授。其在遵循艺术教育规律的同时，还充分考虑了学生的个人特点和现实需要，科学规划教学剧目，而非单纯地壮大本派艺术。"架子花脸铜锤唱"这一全新模式尽管出于他手，然而在其教授的剧目中，铜锤戏明显超过了架子戏，足见其在剧目教学上花费了多大心力，总之，其在推动京剧净行教育事业上做出了不可磨灭的贡献。

严谨认真的京剧传承者——李兰亭

李兰亭长短皆能,尤以短打戏见长。功底扎实,对短打武生颇有创造,擅于以各种高难动作表现人物。在上海演出《杀楼》时,敢从三层桌的高度向下翻,还能做到落地成岔,动作难度和仪态赢得了满堂彩,同行也是不吝赞美。从此颇具声望,誉为"优等艺员"。

李兰亭对表演艺术的追求是执着的,在继承前人成果的同时还进行了不懈创新,形成了个人色彩浓郁的表演风格,其表演自然淳朴,奉献了多个经典艺术形象。李兰亭刻意丰富了武打路数,进一步完善了把子的技巧,为整个武行的当代发展注入了一股难得活力,创设了"轻、飘、脆、美"的风格,有李派之美誉。他曾提到过,"我的部分武打技巧尽管脱胎于武术甚至杂技,但又与之存在显著差异。我的武打可被划归到表演艺术的范畴,务求周正。"李兰亭擅长武生戏,多用技巧,上座率一直不错。

李兰亭在艺术教学方面也是成果颇丰,教法严谨、见效,注重舞台实践。对于台上的一举一动,他均洞若观火,有着深刻的艺术体会,这取决于个人非凡的舞台艺术。他教导学生面对观众时要有一颗尊重之心,表演是偷懒不得的,一味炫技是不可取的。他不认可"徒为师奴"的传统观念,要求徒弟一心一意练功,尽量不为外事所扰。他教把子时习惯用白蜡杆子,认为这样更利于增强手的擎劲及其控制力。

他便是利用该方法去调教张世麟的。张世麟曾专门提到过,用白蜡杆子练把子有妙用,这会在台上见分晓,开打之后你会感受到藤子把子的轻盈,帮助表演者做到举重若轻。

李兰亭教戏时注重对武术元素的吸纳和转化。以教练把子为例,不仅教练戏中固定把子,还教练那些通用型把子。他引入了武术领域的一些把子。哪些把子吃功,他便要求徒弟专攻什么。他到能工巧匠

《恶虎村》李兰亭饰黄天霸

处定制把子，要求比台上标准把子适当长些、重些。平时练功难度增加不少，但在提高功力上确实有效。他在教戏时会化身严师，曾训诫李少春道："你并非初学乍练，你在霍先生身边待过不少时日，在我这里只是'走数'是远远不够的，各方各面都得'到家'，必须将我提出的要求一个不落地走出来。"李兰亭对李少春提出了严格要求，力求每个身段、动作、手势都要有规有矩，边式和幅度务求在规格之内，另外眼神也要到位。手、眼、身、步、肩、肘、腕、胯、膝均要精准到位。稍有瑕疵，便重新来过。

　　在讲解戏文戏理方面，李兰亭也是行家里手，尤擅启发学生，帮助他们举一反三，加深对内容与程式的认知。他悉心教导李少春，让后者的"千巾""剑袍""鸾带"等技巧达到了极高造诣，在展示林冲精神内核上发挥出了重要的辅助作用。林冲的"剑枪"经过他的调整之后更加精彩，先慢后快，层次明晰。不管把子耍得多快，哪怕一闪而过，各招各式仍旧有板有眼，干净非常。

铁肩担道义　戏曲救时局——冯子和

冯子和艺工青衣、花旦。父亲冯三喜，曾是四喜班主要演员。冯子和自幼从父学青衣、花旦。九岁在上海拜夏月珊为师。进夏家科班时，又向时小福、路三宝等问艺。十二岁正式登台演出，一举成名。因声音笑貌与当时著名青衣演员常子和相肖，被誉为"小子和"，后又改名为冯子和。长期在上海、杭州、苏州、南京、汉口等地献艺，在江南一带负有盛誉。

辛亥革命前后，资产阶级革命思想日益发展，冯子和倾向革命。1909年11月，柳亚子在苏州成立革命文艺团体——"南社"，冯子和毅然参加，用戏曲宣传民族革命。当上海革命党举行起义，推翻清政府时，他率先剪去长发，穿起革命服装，和潘月樵等人参加了攻打江南制造局的斗争。

1919年，轰轰烈烈的五四运动爆发，上海人民为了要求释放北京被捕的学生，惩办卖国贼，发动了罢市、罢课。冯子和首先罢演。当时，他创办了"伶界救国十人团"，在上海大舞台召开上海伶界大会。在会上他慷慨陈词："我辈伶人同为国民，则扶倾危之时局，挽既倒之狂澜，责任所在，万死不辞……"会后，在闹市散发传单，当众讲演。正是以这种思想为基础，当时的京剧界掀起了一场京剧改良运动，冯子和积极投身其中。"南社"的有些人，甚至认为"刻下欲提倡社会教育,首宜改良戏剧,然海上花旦能肩此巨任者为谁,则非春航(冯子和)莫属"。

冯子和时装戏剧照

冯子和主张戏剧应以改良社会和进行通俗教育为己任，编排了不少富有进步意义的新剧目，揭露清政府的残暴统治，鼓吹革命，其中如《玫瑰花》。柳亚子曾在报刊撰文说："甲乙之交，侯官林少泉，曾撰写《玫瑰花》小说，载之《中国白话报》，寻编成剧本，演于丹桂茶园，饰剧中主人玫瑰花者实冯春航也。剧中情节，托其地为玫瑰村，村旧有虎患，求前山猎户捕之，遂被占据，横行数百年。玫瑰花者一青年女子，与同志钟国洪辈，谋逐猎户，险阻备尝，不以万死一生易节，率遂素愿，光复旧物且与钟国洪成伉俪焉。……玫瑰花者为革命女杰，躬建逐满奇勋，盖尔时虏焰方张，网罗严密，文人词客，假此以激动人心，而春航饰玫瑰花特佳……"继之，他又编排了歌颂北伐斗争的《江宁血》，自任主角北伐队的女首领，并由龙小云、贵俊卿、孙菊仙、熊文通、陈嘉祥等人参加。柳亚子也曾作文赞许。此后，他又编演或参加演出了控诉鸦片毒害、揭露清廷腐败、呼吁男女平等的《黑籍冤魂》《哀鸿遍野》《血泪碑》《恨海》《冯小青》《祝英台》《杜十娘》等新剧。

戏里戏外的大英雄——盖叫天

盖叫天,自幼入天津隆庆利科班,习武生,后改习老生。倒嗓后仍演武生。长期在上海一带演出。武打技术精湛,人物形体美堪称一流,在大量实践基础上慢慢形成了别树一帜的盖派艺术。

光绪三十年(1904年),盖叫天在杭州、上海、汉口等地演出。因表演功底深厚,技艺非凡,在舞台上大放异彩,赢得了不俗名声。同年,在杭州织造局等官方机构的举荐下,清廷拟将之划入宫内供奉的名单,为皇家演戏。"清廷供奉"在当时堪称伶人的终极荣誉,是绝大多数伶人可望而不可及的,然而盖叫天却坦然视之,甚至做出如下回应:于我而言,皇家封赏尚抵不上百姓认可。

1933年,盖叫天演出《武松》中"狮子楼"一折,饰演武松,跳楼时不慎折了右腿。更可恼可悲的是,庸医误人,把腿接错了,盖叫天问如何处置,庸医道:"唯有折骨重接。"盖叫天稍作思考便以腿重击床栏,让伤腿再次折断。庸医错愕,怕担责,趁乱开溜,后延请名医才完成断腿重接。盖叫天自断其腿的事迹传开之后,听者无不震惊佩服,曰:"真乃武松下凡也!"

日军占领上海不久,战火烧至杭州湾。盖叫天受情势所累不得不携全家迁居上海租界。盖叫天目睹了日寇的种种罪行和国人的悲惨遭遇,不禁流下了愤懑、同情的泪水。大好河山被无情蹂躏,让盖叫天从心里憎恶日本人。汉奸为粉饰所谓的"大东亚共荣圈",想通过一次京剧汇演向日寇献媚。定下《铁公鸡》,而盖叫天早年曾凭借该剧目闯出过偌大名堂,同时他还号称上海第一武生,备受瞩目,也因此位列演出名单之首。有个汉奸说:"日本人刺刀厉害,杀人如麻,谁敢不

《武松打虎》盖叫天饰武松

来?"因此招呼不打,便将盖叫天同意参演的消息公之于报。盖叫天获悉之后,演出当日许久不现身,后台管事见时间所剩无多,便三番两次派人催请。原来,盖叫天早已到郊外游玩去了。久候盖叫天不至,台下观众纷纷起哄。组织者心慌意乱,不知所措,只得上报日寇。最终临时安排其他武生演员上场,才让此事告一段落。

第二天,一队日本宪兵找到盖叫天住处兴师问罪。盖叫天沉稳应对,甚至反将一军,答道:"我不知道呀,没有人同我说过演出《铁公鸡》的事!"日本宪兵头目追问:"报纸上登过演出广告,你的名字排在第一位,你怎么会不知道呢。"盖叫天辩解道:"我没有读过书,目不识丁,我夫人也不识字,我们家里从来不订报纸的。"日本宪兵仍旧心有不甘,威胁道:"那好,下次演出再请你来。"盖叫天不慌不忙地回复说:"我今年54岁了,50岁演戏时跌断腿,这是大家知道的,不能演出了。"撩起裤腿展示伤口,骨裂之痕清晰可见。盖叫天借伤推脱道:"断腿是无法在舞台上激烈翻打的。《铁公鸡》开打场面激烈,除对打之外,还要翻墙头,我这残腿是无能为力了。戏院不明就自作主张,随意登出我将参演的消息,这个锅恕我不能背。"如此,日本宪兵也无言以对,只得退走。

艺德皆令人敬畏——余叔岩

余叔岩艺工老生。九岁以"小小余三胜"的艺名演出于天津下天仙戏院。1915年，拜谭鑫培为师。1931年5月，余叔岩与梅兰芳在北平发起成立了国剧学会。在全面继承谭派艺术的基础上，余叔岩凭借丰富的演唱技巧，对谭派艺术进行了发展与创造，成为"新谭派"的代表人物，世称余派。

余叔岩精研音律，对于"三级韵"的规律运用纯熟，为唱腔增添了抑扬顿挫感。他对念白的五音四声把握得准确得当，注意语气和节奏，善用虚词，传神而有个性，于端庄大方中显出洒脱优美。余叔岩的做工、身段洗炼精美，注重表现人物的内心活动，表演均不逊于谭鑫培。他的武功根底扎实，早期曾大量上演武生戏，开打、亮相等功夫独到，技艺高超却不卖弄。

余叔岩始终恪守着"戏比天大"的准则，他对弟子王少楼说："满座、六七成座，甚至没几个人来听戏，你也得好好唱，更得认真唱。来听戏的就是知音，人家是冲你来的，糊弄人家，是讲戏德吗？上一回台就是练一回功。一进后台就要想戏，别的都置之度外，这才是真正唱戏的。"

余叔岩四十岁左右时，由于受到疾病困扰，登台便逐渐少了，但是如果有义务戏，只要他身体允许，从不缺席，这一美德为后人称颂。

1924年初，余叔岩参加北平第一舞台组织筹款赈济京剧界苦同行的义务戏，演出了《打渔杀家》。1926年10月2日，应天津南善堂的邀请，他到天津出演三天义务戏，当天余叔岩与王幼卿合演了《南天门》；10

《四郎探母》余叔岩饰杨延辉

月 3 日，与王幼卿、钱金福、王长林合演了《打渔杀家》；10 月 4 日，与梅兰芳、杨小楼、龚云甫等合演了《回荆州》，又应观众邀请，与梅兰芳加演了《游龙戏凤》。1928 年 1 月，参加第一舞台组织的义务戏，与程砚秋合演了《武家坡》。1929 年 4 月，参加第一舞台山西赈务会筹款义演，与梅兰芳合演了《游龙戏凤》，并反串了《八蜡庙》。1931 年，参加第一舞台为江西水灾筹款举办的赈灾义务戏。1934 年 10 月 31 日，在开明戏院参加为湖北赈济水灾的义演，与蒋少奎、王福山、范宝亭等合演了《问樵闹府·打棍出箱》。

余叔岩十分重视京剧的理论研究、社会活动和课徒授业。1931 年，余叔岩与张伯驹共同出版了戏曲研究著作《近代剧韵》。1932 年，余叔岩在北平国剧学会中公开作了关于京剧老生演唱法则的讲演，从多方面概括了他所主张的京剧老生演唱法则，并写出了京剧胡琴《老八板》的文章，发表在《国剧画报》上。在其艺术生涯中，余叔岩始终一丝不苟地传道授业，为京剧事业的传承贡献自己的力量。

老而弥笃　德艺双馨——姜妙香

姜妙香幼年从谢双寿学青衣，同时从田宝琳学艺，后来拜陈德霖为师。曾与王凤卿、许荫棠、龚云甫组创洪奎社，以演青衣戏初露菊坛。因嗓变改演小生，后拜冯蕙林、陆杏林为师。自1916年前后与梅兰芳开始合作，长达40多年从未间断。姜妙香博采众长，努力刻苦，继承创新，呕心沥血，最终创造出了优美动听的小生唱腔及新颖别致的"声随词变、按情行腔"的法则，形成了特色明朗、脍炙人口的姜派唱法，耐人寻味。他首先对小生传统唱腔进行了继承，其后再精雕细刻进行加工改良，使人物的情感通过唱腔表达得更加贴切，更加悦耳动听。梅派的新戏如《洛神》《西施》《牢狱鸳鸯》《黛玉葬花》《千金一笑》等剧目中的小生唱腔，都是由姜妙香和著名琴师王少卿共同研制的。70岁时的姜妙香还在《穆桂英挂帅》中饰演了杨宗保，并亲自设计了小生唱腔。姜妙香在继承与发展小生艺术的声腔方面，承前启后，功绩卓著，受人喜爱，流传不衰。对于小生的唱腔做出了创造性的贡献，为同辈人和后学者所效法。

生活中的姜妙香待人接物谦逊质朴、敦厚善良，无论是谁去家中，他都会站起来相迎，双手当胸拿着扇子，微微躬着身子："您来啦！"临走时，一定会送出大门，说："您慢走！"。姜妙香与梅兰芳合作了一辈子，不争戏、不抢戏，甘为他人配演，有口皆碑。梅兰芳演出《奇双会》，剧中的赵宠必是由姜妙香饰演。抗日战争胜利后，偶尔梅兰芳演出此戏，也由俞振飞饰演过赵宠。当和姜先生商量，让他来李保童时，他理解说："哎，好好好。"而且台上一定是照样尽心尽责。因此赢得大家的交口称赞和尊敬，在梨园行有"姜圣人"的美誉。新中国成立前，名票何时希总要到黄金大戏院后台为演员看病、开药方。姜妙香知道后，主动提出要大家到他的住所去看病，何时希有时一晚上看一二十个病人，姜妙香夫妇准备好笔墨信笺，忙前忙后地照应，何

《黛玉葬花》姜妙香饰宝玉、梅兰芳饰黛玉

时希怕影响他戏后休息，他却说："你这是善举，为我伶界中人义务问诊，我不应当尽点力吗？"

1962年，姜妙香加入中国共产党，旗帜鲜明，立场坚定，后历任中国戏曲学校教授。在戏曲教学工作中，认真负责，勤勤恳恳。1963年，以74岁的高龄担任艺术顾问，随北京京剧团前往香港、澳门进行为期三个月的演出。并受时任国家领导人之托看望孟小冬。在拍摄合影时，孟小冬坚持让姜妙香站在中间，孟小冬无论是和谁合影都是站中间的，唯这一张旁立，这与姜妙香的艺高德劭是分不开的。

遵循"三不争" 一腔爱国情——高庆奎

高庆奎为老生高派的创始人,是前"四大须生"之一。其父高四保为著名丑行演员。高庆奎的老生初学谭(鑫培)派,在倒仓复原后,他的嗓音更加甜脆高亢,激越宽亮,音色圆韵。后又吸收孙菊仙、刘鸿声的演唱特点,并化用了老旦龚云甫、花脸裘桂仙的演唱特色,兼容贯通,加以创新丰富,形成独特的艺术风格。

高庆奎在其艺术生涯中,总是心系着同行、心系着百姓,凡有各种赈灾义务演出,必定参与其中,有时甚至连赶几出。1928年7月20日,第一舞台举办了河北战地灾民筹款活动,义务夜戏上高庆奎与马连良、郝寿臣合演了《借东风》。1929年4月,第一舞台举办山西赈灾会募款义演,杨小楼、高庆奎、梅兰芳、余叔岩、荀慧生、程艳秋、马连良、尚和玉、侯喜瑞、王又宸、阎岚秋等参加演出。1930年11月19日,梨园公会在第一舞台为辽宁、陕西、北平水灾举行三场筹赈义务夜戏。高庆奎与侯喜瑞、李多奎、萧长华等人合演《探阴山》,大轴为《八蜡庙》,高庆奎反串朱光祖。

在日本发动侵华战争时期,高庆奎忧国忧民,编演多出可歌可泣的爱国新戏,彰显出充满爱国情怀的人民艺术家本色。其中比较有代表性的有《煤山恨》《杨椒山》《史可法》《睢阳城》《哭秦庭》《信陵君窃符救赵》《马陵道》《越王勾践》《浔阳楼》《赠绨袍》《豫让桥》

等戏。

1932年10月,高庆奎与郝寿臣在天津春和戏院演出新编戏《史可法》,展现明末将领史可法坚贞不屈、守土御敌的家国情怀。高庆奎饰演史可法,郝寿臣饰演多尔衮。在"破城殉国"一场中,高庆奎以激

《空城计》高庆奎饰诸葛亮

扬悲怆的唱腔，塑造史可法的动人事迹，令观众荡气回肠。此后，高庆奎演出的《煤山恨》则是与《费宫人》《明末遗恨》一材三用，描写明朝末代崇祯帝国破家亡的悲惨史实，激发起中国人民奋起抗敌救亡的爱国热情。

1932年，高庆奎与荀慧生等义演《翠屏山》等剧，为抗日前线受伤的将士捐款，支持抗日。在汉奸当道之际，高庆奎编演了《杨椒山》与《睢阳城》。《杨椒山》反映了明代嘉靖年间杨椒山不畏强权反抗误国奸臣严嵩的故事，剧中杨椒山秉烛修本，慷慨陈词，痛斥严嵩的十大罪状，悲愤激昂，鼓舞人心。七七事变前，高庆奎编演出《睢阳城》，假借唐代安史之乱的历史事件，为鼓动抗战作宣传，他所扮演的张巡被擒后痛骂敌寇而亡。他在前半部以老生应工，后半部改扮成张巡鬼魂，以花脸应工，唱[唢呐腔]，蓝脸、红蓬头，既有精湛的艺术表现，又饱含进步的思想内容。

在国难当头之际，高庆奎以一腔爱国热情编演的这些作品，凭借其思想性、艺术性赢得了观众的认可，这些爱国救亡题材的剧目，也在当时的抗日救国运动中发挥了重要作用，产生了积极的社会影响。

因爱下海　以唱塑人——言菊朋

言菊朋是蒙古族正蓝旗，原姓玛拉特，名延锡，号仰山。皆"延"谐音"言"，遂取以汉姓。是京剧言派老生创始人。言菊朋曾经就读于陆军学堂，1910年毕业后，进入理藩部任录事，闲暇时间参与票房活动。1925年正式"下海"。1928年秋，他自组民兴社。1935年，又组建春元社。1936年7月28日，北平梨园公会成立，言菊朋列名候补董事。1939年6月，应邀赴上海演出。1940年11月1日，执导的戏曲影片《三娘教子》首映。言菊朋对"四声"的运用有深刻的研究，他认为音韵、声腔是老生表演的重点，主张"腔由字生，字正而腔圆"。

由于他刻苦学谭，又得到红豆馆主（溥侗）、陈彦衡、王瑶卿、钱金福、王长林等良师益友的指导和帮助，既能突出谭派唱腔艺术的特点，又能按照湖广音、中州韵的准则，做到清晰准确，行腔流利圆润，而且唱出来有感情和深度。

1925年1月，言菊朋参加北平第一舞台义务戏，他临时加演了《战太平》，借以宣告正式"下海"。此后，言菊朋积极参加各类义务戏。1930年11月18日至19日，参加为辽宁、陕西、北平筹赈义务戏。1931年9月13日，参加北平梨园公益会十六省水灾急赈义务戏。

言菊朋善于运用字韵以及创造唱腔，比较注重切合剧中人物的感情。在《让徐州》中，陶谦是封建割据的诸侯，而性格却比较忠厚朴实，言菊朋掌握了人物的特点，并结合具体情况，因为是劝说刘备，所以用的腔要婉转些，但字要咬得沉着，以示恳切之意。陶谦临终前的一段［四平调］，言菊朋唱得有独到之处。［四平调］在京剧中本来

《珠帘寨》言菊朋饰李克用

一般用于比较轻松的场合,而经过言菊朋的创造,就很切合陶谦当时的心情。"但等那秋风起日见凋零"一句中的"秋风"二字,唱出了瑟瑟的寒意来。言菊朋唱得悲戚恳切,把陶谦当时的心情描写得很生动,也把他那种诚恳而坦率的态度演绎得颇为动人。

在《上天台》中,言菊朋饰演刘秀,其唱腔颇有特色。[二黄三眼]的"到如今二目昏花两鬓苍苍,卿还是那忠心耿耿",言菊朋唱得十分动听,借刘秀之口把姚期的忠义描绘得很深刻。"二目昏花"的"昏"字醇厚韵味,反映出刘秀对姚期的深厚情感。"忠心耿耿"的"心"和"忠"字一个调门,而"心"字的音量比"忠"字更强,不但字准了,感情也发展了一步,体现出刘秀对姚期的赞叹之情。

言菊朋的唱腔婉转,音正味醇,跌宕起伏,别有韵味。在他的代表剧目中,其所用的字韵、腔调、感情是紧密结合在一起的,他总是能够注意到声情的统一。因此,独特的"言派"老生艺术影响深远。

豁达直爽 艺如其人——金少山

金少山艺工净行。1906年正式随其父亲金秀山搭班演戏。1911年，只身到张家口搭班演戏。1912年，首次到上海演出。1916年初，前往烟台丹桂舞台搭班演出。1921年冬，在上海齐天舞台首次以主演的身份挂牌演出。1926年12月10日，在上海金少山初次与梅兰芳合作，上演了《霸王别姬》，金少山饰演项羽，由此博得了"金霸王"的称号。1937年2月，在北京自组松竹社。金少山打破了原有的铜锤花脸与架子花脸严格分工的界限，融铜锤、架子、武花脸于一体，奠定了其全面发展的完整的花脸流派，继承其父金秀山和何桂山等前人艺术的同时，又进行改革推动了花脸表演艺术的发展，形成了独特的金派风格。

金少山的唱腔，自成一格。他的唱腔不事雕琢，却能在顺畅自然之中显现气势。他唱［快板］最见功力，吐字、气口、尺寸都驾驭自如，快而不乱，流畅清晰，字字入耳。他念白的功力也极为深厚，善于运用高、低、宽、细各音，于轻重疾徐、迟急顿挫的变化中，刻画人物性格，揭示角色心理，达到传情达意的效果。金少山的基本功坚实、工架严谨稳练，身段精细漂亮。

金少山开净行挑班之先河。他在舞台上塑造了诸多净行的人物形象，个个堪称经典。在《锁五龙》中，金少山饰演单雄信，他痛斥李世民、徐茂公、罗成的三段唱腔,展现了单雄信的侠肝义胆、凛然赴死的形象;在《断密涧》中,金少山饰演李密,与王伯当的大段对唱,令人荡气回肠;在《连环套》中窦尔墩与黄天霸在"拜山"时的对白和《李七长亭》中在"公堂"一场李七的大段自白,都展现了金少山高超的念白功力,塑造出鲜活生动的人物形象,激起观众对于人物的

《锁五龙》金少山饰单雄信

同情。此外，他饰演的《霸王别姬》中的项羽，以"力拔山兮气盖世"的威仪，给人留下深刻的印象；在《草桥关》中饰演的姚期，将大将戎马半生、壮士暮年却壮心不已的情态展现得淋漓尽致。

金少山爱好广泛。他喜欢听评书大鼓，也爱看踢球摔跤，对于逛茶馆庙会、玩花鸟虫鱼，都有浓厚的兴味。这些爱好陶冶了金少山的性情，让他更全面地体悟生活，从中攫取艺术创造的灵感，对他以多样化的手段塑造不同的净行人物起到了潜移默化的作用。

即使在名声大噪之时，金少山也经常参加梨园行的赈灾义演或义务戏演出。1932年12月6日至8日，他在上海天蟾舞台参加鄂豫皖三省赈灾义演；1946年6月5日至11日，参加天津中国大戏院举办的赈灾义务戏。金少山性格豪爽，为人仗义疏财，对于梨园界困难的同行及朋友，他常常慷慨解囊，毫不吝惜钱财。

老而弥坚　壮心不已——侯喜瑞

侯喜瑞幼入喜连成科班，先学梆子老生，后拜黄润甫为师，唱工纯依黄的平直规矩的架子花唱法。他嗓音沙哑，故常用炸音和立音，口劲狠，字音准，唱时不尚花腔，但强调音节的顿挫，形成铿锵遒健的特殊韵味，于磅礴中显细致。念白吐字清楚，句中常以爆发式的高音来强调重点语句，以增强气氛。侯喜瑞身材并不魁梧，天赋的嗓子条件也不是太好，但正是由于他的功夫精深，出得台来一举手一投足，观众便跟着进入了人物的感情天地。侯喜瑞对自己扮演的人物不分大小，无论主角还是配角他都认真进行创作，寻找人物内在情感，塑造生动鲜明的舞台形象。在认真继承传统的基础上，他广撷博采，刻苦钻研，勤于琢磨，勇于创新，善于扬长避短，发挥自己特有的专长，创立了独树一帜的风格，成为侯派花脸艺术的创始人。侯喜瑞从不争角色、地位、名利，在自己主演的戏中是艳美绚丽的红花，在为别人配演时又是苍翠欲滴的绿叶。谨守德操，德高望重，又刚正爽直，颇具侠义英风。

抗日战争时期，侯喜瑞在天津搭班唱戏，戏票抢购一空。不料突接北京来电，要翻修某清真寺，要他回来义务演出，侯喜瑞未加思索，找到戏院老板，说明情况，包赔了一切损失，即刻回京义演。演出结束后，为了不再爽约天津观众，马不停蹄搭车赶回天津演出，路上遇伪警察勒索殴打，他紧闭双唇，既不求饶，也不退缩。到天津后，同行们看此情景都过来询问，他却说："没什么，赶快安排一下，吃完饭照常开戏。"

侯喜瑞经常出入青山居茶社，清唱后常谦虚地征求茶客们的意见。在艺术上始终保持广师博求、不耻下问的高尚情操。另外，侯喜瑞还爱施舍。他因终年赶场而所拿戏份甚多，所以经常赠之穷人，或捐之义学，或舍之粥厂，一时传为美谈。1951年抗美援朝，侯喜瑞参加了

《战宛城》侯喜瑞饰曹操

中国戏曲学校组织的捐献飞机大炮的义演。

新中国成立后，侯喜瑞在中国戏曲学校、北京市戏曲学校任教，言传身授。他把"精、气、神"作为架子花脸表演的三字经，传授给学生，为造就年轻一代京剧花脸人才，付出了大量的血汗，桃李遍及全国，80多岁的高龄仍然关注京剧艺术事业的发展。人们赞誉他"艺高、寿高、德高"，是一位不下战场的老将。

蓄须明志　彰显民族气节——梅兰芳

梅兰芳工旦行，京剧梅派创始人，"四大名旦"之一。梅兰芳八岁学戏，九岁拜吴菱仙为师学青衣，十一岁登台。在50余年的舞台生涯中，他发展和提高了旦行艺术。梅兰芳于1919年、1924年两次赴日本演出；1930年，又到美国访问演出，受到热烈的欢迎，盛况空前，并获得美国波莫纳学院博士学位；1935年，梅兰芳应苏联邀请演出，取得了极高的声誉。

1951年，梅兰芳出任中国戏曲研究院院长；1955年，担任中国京剧院首任院长；1959年，加入中国共产党。作为人民艺术家的梅兰芳，终其一生不懈追求艺术美和革新。梅兰芳敢于人先、富于革新，从不满足于已有的成就，他的艺术创作和艺术思想始终与时代的脉搏相一致。在剧目上，他和他的智囊团赋予一些传统剧目以新的风格，创造出了一批梅派新戏。在表演上，他将青衣、刀马旦、花旦的表演融为一体，完善了花衫行当，极大地拓宽了旦行表演领域的道路。《麻姑献寿》中柔软细腻的盘舞、《霸王别姬》中潇洒飘逸的剑舞、《天女散花》中轻巧欢腾的绸舞都是梅兰芳和智囊团们一起研究的成果。他们结合剧情，创造出许多优美的舞蹈，具有古典风韵。《嫦娥奔月》《黛玉葬花》在化装方面，设计成了典雅的"古装"，这都是参考古代仕女画的结果，这些创作是新中有根，体现了梅兰芳紧跟时代的精神。

梅兰芳所创演的剧目,不仅是形式美的展现,更是内容美的表达。梅兰芳以《金山寺》为媒介,深度揭露了封建制度的各种黑暗,歌颂了劳苦大众不甘压迫的精神及对美好生活的憧憬,展现出了相当强的

《霸王别姬》梅兰芳饰虞姬

人民性。《霸王别姬》则基于不同视角展示了我国古代妇女的一些经典形象，歌颂了忠厚、善良、勤劳等中华民族向来推崇的传统美德。在《穆桂英挂帅》中，梅兰芳大胆融入新观点，使得穆桂英这一巾帼英雄的形象更为鲜明和出彩。

　　九一八事变之后，梅兰芳为唤醒国人反抗精神刻意编演了《抗金兵》等剧目，于其中融入了浓浓的爱国之情，这是基于文化视角对日本侵略者发起的勇敢战斗。在抗日战争时期，面对敌人的威逼利诱，梅兰芳表现出了过人的智慧与胆识。淞沪会战后，国民党军败走，日军彻底占领上海，获悉一代名家梅兰芳尚滞留上海，便要他到电台发表讲话，强迫其发声拥护所谓的"皇道乐土"。梅兰芳识破日本侵略者奸计之后选择离开上海，抵达香港后深居简出，非必要绝不露面。梅兰芳以蓄须明志的方式拒绝为日本侵略者演出，铮铮铁骨和民族气节令人叹服。该事件发生后迅速在神州大地上传颂，极大地鼓舞了中国人民奋勇抗战的决心。

刻画形象　生动传神——赵君玉

赵君玉的父亲是名武生赵小廉。初学花脸,后改攻武生、小生,自始起艺名君玉。由于长期跟冯子和合作,为其配演小生,所以对冯子和的艺术颇有心得。后改演旦行,逐渐崭露头角。与谭鑫培合演《珠帘寨》《汾河湾》《御碑亭》等戏,颇受谭氏器重。后与梅兰芳合演《五花洞》等戏,声誉益隆。赵君玉演南派旦行戏宗法冯子和,演北派旦行戏学梅兰芳。受夏月珊、欧阳予倩的影响,他还参加了时装戏的演出。

赵君玉天资聪慧,扮相秀美,做派文武兼能,端丽委婉。他善于学习,也善于刻画不同时代、不同身份、不同性格的女性人物形象。1913年,赵君玉陪谭鑫培演《珠帘寨》中的二皇娘、《汾河湾》中的柳迎春、《御碑亭》中的孟月华等剧,他的技艺日益精纯,声名由此更高。1914年,梅兰芳赴上海演出,赵君玉与梅兰芳合演或单演了《玉堂春》《五花洞》《孟姜女》《血手印》《龙女牧羊》等古装新戏,均有独到的精彩表演。

赵君玉在舞台上留下了许多令人印象深刻的形象,表现出了我国传统社会中女性的美好品质。他在《龙女牧羊》中所饰演的洞庭公主,出宫时雍容华贵,牧羊时悲苦苍凉,成婚时心情喜悦,丝丝入扣,引起观众的共鸣。在《阎瑞生》中,赵君玉饰演的王莲英动作表情富有生活气息，在"麦田"一场中的苦求和"梦境"中的哭诉，十分凄厉感人。而演出《佘赛花》时，他的把子利落，身段优美，随唱随打，又能在武打中表现人物性格。透过赵君玉的旦行戏，观众能够领略到中国传统社会中女性的风采。

赵君玉便装照

不仅如此，赵君玉还能在传承之中有所突破。他在《文姬归汉》等剧目中饰演蔡文姬，其家居及逃难时均着时装，入胡后改古装，别父时唱古朴凝练的［高拨子］，唱腔仿照了《徐策跑城》，表达人物严肃而深沉的心境，情绪饱满，感人至深，颇受观众欢迎。在《飞龙传·韩素梅引路》中，赵君玉突破京剧原有板式格局，用吴语唱了一段新腔，完全是苏州民歌小调。在该剧另一个唱段中，他却唱十多句［西皮导板］和［二六］，由于韩素梅女扮男装，他又安排了一段类似［娃娃调］的唱腔，既不同于一般的［二六］板，也有别于一般的［娃娃调］，由此看出赵君玉在唱腔上的独创性。

老艺人　新党员——刘奎官

　　刘奎官是全面的演员，集红生、武生、武花脸、武老生于一身，艺术精湛，刘奎官的嗓音高亢激昂，工架稳健款式，腿功极佳。是云南京剧院首任院长。

　　刘奎官对待合作者非常谦虚好学、宾礼有加，遇到同行业者总是有求必应，义字当先，从艺多年他从不保守，演出中从来是严肃认真以达到精益求精。1956年，在云南省文化局召开全省第一次戏曲剧目工作会议上，刘奎官提出：一是希望参加中国共产党；二是亟待要为后学者留下一套他独有的脸谱；三是要把他的几个代表剧目，从剧本到表演整理出来。此时的刘奎官已是不惑之年的艺术家，但他还是非常渴望加入中国共产党，并且很郑重地提交了入党申请。

　　1959年，刘奎官参加庆祝中华人民共和国成立十周年献礼演出，受到中央首长的邀请，在中南海怀仁堂进行了一场折子戏演出，刘奎官上演了他的代表作《通天犀》。自接到任务那天起，55岁的刘奎官就开始不声不响地暗暗操练起来，每日踢腿、下腰，为演出做好必要准备。

　　到了演出当天，演职员们很早地来到怀仁堂的后台化妆间。二楼的化妆室，在通向舞台的地方有一架比一般楼梯要高三分之一，可以直上直下的楼梯。刘奎官在开始化妆之前，服务人员数次到化妆室询问其上下楼梯是否存在困难。他却是微笑地对前来问候的同志连连摆手,没有说一句话。可是大家还是或多或少有所担心。主要是像这样的演出,他已有多年没有参加过了,况且这出《通天犀》相当的吃功夫。这时,有的同志劝他表演"走边"和"上楼"的动作,不必过于

《走麦城》刘奎官饰关羽

追求完美，点到为止即可。他听完后只是轻轻地摇了摇头。同时还有更多的人对他说，表演在桌子上的"朝天蹬"时的三起三落就更不要表演了，干脆免掉以达到保险！刘奎官更是微微一笑，没有一言的回答。此时的刘奎官轻轻地把双臂伸展几下，走到楼梯口，只上下看了一眼，见周围没有人，便突然从楼上跑到楼下。这是他在提前试试自己的身体承受能力和腰腿的灵活度。他要用最大的努力把这场演出演好。

在云南省京剧院成立之时，刘奎官的入党申请被党组织批准。55岁的老艺术家成为了一名光荣的中国共产党党员。

战斗的一生——周信芳

周信芳艺名"麒麟童",是京剧麒派艺术创始人。周信芳出身艺人家庭,六岁由陈长兴开蒙,七岁时以"七龄童"艺名登台演出。1907年改用"麒麟童"艺名。次年到北京喜连成科班学艺。1912年返沪,在新新舞台等剧场演出,演技渐趋成熟。1915年进上海丹桂第一台。后尝试改革京剧艺术。周信芳曾与王鸿寿、汪笑侬、潘月樵等合作,编演、移植诸多剧目。他在艺术上勇于创造,继承发展民族戏曲现实主义表现方法,塑造具有鲜明性格的典型人物,形成独特的麒派表演艺术风格。

在周信芳的剧目中,既有讽刺时局的《王莽篡位》《徽钦二帝》《明末遗恨》,也有反映民族气节的《陈胜吴广》《洪承畴》《亡蜀恨》《文天祥》《史可法》,更有《徐策跑城》《追韩信》《博浪锥》《宋教仁》《学拳打金刚》。这些剧目以不同时代为背景,体现反对侵略、伸张正义等思想,抒发的是家国情怀,发出的是人民呼声。麒派代表剧目反映的是时代的进步面,是健康向上的力量,是积极的时代精神。

周信芳对清朝的腐败无能、帝国主义及其爪牙的横行无忌十分憎恨,因而对于推翻清朝统治的辛亥革命是很欢欣的。他对袁世凯攘夺革命果实残害革命政敌的罪恶行为无比痛恨,在《宋教仁》中表现了人民的愤怒之情,对窃国大盗的阴险毒辣做了无情地揭露,《宋教仁》

这出剧受到观众热烈欢迎。1915年，周信芳还演出了《王莽篡位》以讽刺时局。

20世纪20年代，帝国主义加紧侵略中国，北洋军阀却大肆剥削和迫害人民。南北各地爆发了罢工斗争，这个阶段周信芳创作出《博浪锥》和《陈胜吴广》等戏，呼应着各地的罢工斗争。九一八事变后，

《萧何月下追韩信》周信芳饰萧何

周信芳创演了《文天祥》等一系列洋溢着悲愤爱国情感的剧目。他编写、整理出了连台本戏《满清三百年》《明末遗恨》。演出达半年之久，场场爆满，颇为轰动。每一位观众都受到深深的感染。演戏的同时，周信芳关注着抗战的时局并向前方抗日将士捐款。

1937年，周信芳参加了上海戏剧界救亡协会，为了进行戏剧宣传，他跟欧阳予倩相配合，组织了移风社。周信芳说："我始终相信戏曲是可以移风易俗的。"他搬演了《徽钦二帝》等剧，使当时民众的抗日之情为之一振。虽然《文天祥》被禁了，但他仍把《史可法》《文天祥》等戏的广告张贴在剧场的两面，想使观众看了剧目广告也能引起民族感情。

抗战胜利后，由于上海被国民党占领，人民的苦难依旧十分深重。为了加强对进步戏剧的控制，国民党反动派举行所谓"艺人登记"，周信芳和许多同志胜利地领导了这一次反登记斗争。

1953年，周信芳参加赴朝慰问代表团，慰问人民志愿军。1954年，又远赴东南海防，慰劳人民解放军，使前后方战士得到极大的鼓舞。

戏里戏外　忠肝义胆——林树森

　　林树森艺名筱益芳，著名南派京剧老生，祖父林连桂为徽班演员，工文武老生。父亲林宝奎工老生。舅父王益芳是武净演员。林树森七岁登台，十一岁和梅兰芳等曾有过同班学艺之缘。十五岁辗转至上海，先工老生，后转唱武老生，在成为诸寿卿的弟子之后，开始潜心钻研武生戏。1914 年，年满十七岁的他又迎来了人生的重大转折点，有幸被王鸿寿看重并将之录为入室弟子，王鸿寿将自己的关公戏全部传授给了林树森。林树森身材修长，他所塑造的关羽形象魁伟，气宇轩昂，威严之下，不失儒雅，身段造型颇上乘，有着令人叹服的塑造美，这使得他声名鹊起，甚至赢得了"红生大王"的美称。

　　林树森嗓音高亢响亮，演唱朴实有力，表演端庄气派，工架沉稳，文武昆乱皆是所长，表演技艺极为纯熟，拥有极宽戏路，以"多面手"闻名于南北剧坛。在演关公戏方面最为知名，他在台上饰演的关羽，一方面汲取了王鸿寿的特长，另一方面也融入了个人的一些元素。

　　关于"南林北李"，还有一段二人互相谦让、互相成就的佳话。二十世纪三十年代，林树森和李洪春都赶赴汉口演出，花园公司和汉大舞台为扩大影响，赚取更多金银，各打着"威镇华南文武老生、王君鸿寿老三麻子授业弟子，红生泰斗林树森"及"威镇华北文武老生、王君鸿寿老三麻子入室弟子，红生泰斗李洪春"的牌子广做宣传。此时，林、李二人才获悉对方的到来，他们原本便是一对好友，为打破两大舞台专为二人设计的"打对台"伎俩，两人暗地见面，商讨应对之策，决定开演首日都唱《古城会》，营造一种唱对台的感觉。第二日就不同了，林树森演出的是《过五关》，李洪春演出的是《封金挑

《古城会》林树森饰关羽

袍》，后续几天都是这般操作，各演各的剧目，绝不撞车，且要求各自舞台必须执行他们的计划。数天之后，两戏院的老板便坐不住了，强制要求他们都唱《走麦城》这出戏，且要连演七天。二人一商量，决定让林树森先登台，李则装病表示暂时无能为力，在林演出结束赶赴他地之后，李才不慌不忙地连唱了七天的《走麦城》。这是两人深厚情谊的见证，也使得"南林北李两关公"这段佳话在业内广为流传。

抗日战争爆发后，林树森怀着满腔的爱国热情，以自己高超的京剧艺术，积极投入到一系列抗日救亡活动中。1937年9月，林树森参加了上海伶界联合会、上海市播音业公会联合为前线抗日将士举办劝募广播演唱。林树森与程少馀、白玉昆合作演出《战长沙》，与周信芳、白玉昆、袁美云、陈鹤峰等合作演出《斩经堂》，还与陈鹤峰、刘坤荣合作演出《贞娥刺虎》等戏。这次为期三天的劝募活动，共为前线抗日战士募集一万余元捐款，鼓舞了民众抗战的决心。10月，上海伶界联合会为救济难民，在荣记共舞台进行三天筹募捐款大会。林树森与周信芳、程少馀、王筱芳、白玉昆、毛韵珂、韩金奎等合作，演出了《群英会》《借东风》《华容道》《古城会》等戏。

金玉其声　菊坛君子——李多奎

李多奎八岁入庆寿和科班学艺，向贾志臣初学河北梆子，后改京剧老生。九岁登台，十二岁便以《打金枝》《朱砂痣》唱大轴。十六岁从程春禄学京胡。二十六岁拜罗福山为师改学老旦。他与文亮臣、松介眉同为罗福山的入室弟子，并得到龚云甫教益，又深得陆彦庭的教授和辅佐，艺事大进。他的嗓子富有表现老年妇女的那种雌音和衰音，而且对于吐字、喷口均极讲究，通过几十年的不断深入研究与改进，逐渐形成了个人的演唱风格，世称李派。

李多奎改学老旦兼取龚云甫、罗福山、谢宝云艺术风格之长，结合自己的条件注意韵味，古朴大方，苍秀挺拔，韵味醇厚。他的演唱重于用气之功，他经常告诉学艺者"气为音之本，无气无声"。他利用演唱中的偷、换、提、吞、喷、吐、收、放等用气之法来安排唱腔可谓精细到家。在演唱中无论是［快板］，还是［慢板］，李多奎都能唱得气足神通，保持住声音的圆润悦耳。

1929年，李多奎随程砚秋到上海演出，一出《钓金龟》轰动申城，震动浦江两岸。后又与高庆奎、金少山等合作，经常演出于京沪各地，他表演的剧目《太君辞朝》《遇后·龙袍》《行路·哭灵》等都深受观众的喜爱。

李多奎德艺双馨，心怀家国，一生中多次参加义演。1931年江淮流域水灾严重，李多奎作为发起人之一，与鸣和社的其他演员一同在北平中和戏院演义务戏助赈，并于报纸刊出启事。1931年9月13日，李多奎参加北平梨园公益总会水灾急赈义演，演出《甘露寺·美人计·回荆州》等剧目。1936年，他应山东旅平同乡会鲁乡水灾筹赈会

《四郎探母》李多奎饰佘太君、奚啸伯饰杨延辉

之约于中和戏院演义务戏，演出《滑油山》。1946年，在天津中国大戏院为救济桂灾举办义演，李多奎与艾世菊合演《钓金龟》。1950年10月19日，李多奎与徐东明、徐东来、齐和昌等在大众剧场为皖、苏、冀、豫四省水灾举行义演。

1961年，北京京剧团向党的生日献礼，裘盛戎与李多奎合演了经过改编整理的剧目《赤桑镇》。当年六十三岁的李多奎已属"桑榆暮年"，又患有高血压，抱病筹备演出难度颇大。他背好戏词后，自己拉着胡琴，琢磨曲调、设计唱腔，反复推敲。其中部分地方借鉴了过去常演的《徐母骂曹》《滑油山》和《游六殿》的唱腔，仅仅用了八天时间便完成了背词和设计唱腔的任务。响排的时候，裘盛戎拱手抱拳对李多奎说："太难为您了，时间这么紧。"从一出《赤桑镇》，足以看出李多奎的敬业精神和对戏曲矢志不渝的热爱。新编戏《赤桑镇》充分展现了裘派、李派的艺术风格，几十年来始终是这两个流派继承者的范本楷模。

1961年年底，李多奎由于患病不得不终止了他半个多世纪的舞台生涯。1963年冬天，李多奎抱病与马连良、张君秋、裘盛戎等，在长春电影制片厂用三个月的时间，拍摄了影片《秦香莲》，这是他最后一次演出。

塑造关公　传扬红生——李洪春

李洪春是京剧红生表演艺术家，其父李春福先唱老生，后在谭鑫培的同庆班、田际云的玉成班等任管事。李洪春先学小生、武生，后拜王鸿寿为师，在关羽戏上颇得真传。由于对红生戏造诣极深，出色地塑造了关羽凝重、威武、高傲的舞台艺术形象，在北方颇享盛名。

作为王鸿寿的弟子，他演的关羽戏，不仅传承了师父的精髓，还在诸多方面有所突破。他不仅打破了过去把关羽作为"关圣"或"神"的迷信思想，而且突破了过去将关羽作为"关夫子"要儒雅的传统。李洪春注重从"威镇华夏"的威猛上来表现关羽，注重演人物。因此，对关羽戏的念白，李洪春既不按老派红生念法，也不是红净的念法，而是将文武老生的庄重沉实、武生的刚毅和花脸的粗犷的念法综合起来化为别具一格的红生念白。

传统的关羽戏演法，大多以嗓音高亢而取胜，而李洪春基于本人嗓音特点在唱法上以宽音、横音、低音来表现关羽的性格，因此独具一格。他在表演上允文允武，根据不同的关羽戏，采取了不同的表现手法来塑造形象。在做工身段以及刀式、趟马等动作上，不受传统的拘束，有较全面的发展创新。他还发展了关羽的春秋刀法，在《阅军教刀》中，就有全套"关王十三刀"劈、砍、抹、剁、横、擦、扫、推、涮、闪、攻、挡等表演，在各式中均注重功架造型的优美，其姿势传神入画，表现出关羽肃穆的气概。

　　李洪春演过的剧目繁多，在继承传扬红生戏方面成就卓著，产生了广泛而深远的影响。他不但是表演艺术家，也是编剧和导演。1981年，八十四岁高龄的李洪春还根据《三国评话》编写了一出武戏《张

《古城会》李洪春饰关羽

飞战古城》。1986年，他已近九旬高龄，仍积极参加为残疾人福利会筹款义演，他演《古城会》《刮骨疗毒》的关羽，技艺不逊当年。

新中国成立后，李洪春在中国京剧院工作，从不计较排位。有时能演出自己的拿手戏，有时也自告奋勇地当好配角。在中国京剧院二团的《三打祝家庄》中，李洪春饰演钟离老人，他演得十分认真投入，为了京剧事业的发展，他不争角色，甘当绿叶的美德值得后辈学习。

李洪春也是一位京剧教育家，他一生热心戏曲教育事业，为培养青年学员不辞辛劳。他在教学当中总是倾囊相授，曾先后在北京国剧研究社、斌庆社、中华戏曲专科学校、荣春社、鸣春社、上海戏校、西北戏校和中国戏曲学校任教。李洪春一生中对培育京剧人才贡献卓著。

名旦良辅　老旦名宿——孙甫亭

孙甫亭是旦行名家孙怡云之子。幼承家学，初习京剧老生，后拜罗福山为师，并受教于谢宝云，为罗派老旦主要继承者。他嗓音宽厚，表演大方，且有较高的文化素养，善揣摩戏理，演戏入情。纯朴大方，表演细腻，善于刻画人物。念白宽厚，语气生动，富有膛音，沉着响亮，极富情感。曾替乃师罗福山与谭鑫培、杨小楼、余叔岩同台，颇为受益。中年后得梅兰芳、程砚秋、荀慧生所倚重。他能戏多，戏路宽，四大名旦的新戏无不参加配演。在和梅兰芳合作的《春秋配》中饰演乳母，在捡柴时为了保护姜秋莲，数斥李春发，活画出一个善良纯朴却是不懂女儿心事的老媪。孙甫亭念白宽厚富有膛音，不娇脆而沉着响亮，有时似"闷"而大，给人以古道热肠之感。在《生死恨》"汲水路遇"一场中，他饰演的李氏认韩玉娘为干女儿，一会儿哭、一会儿笑，特别朴挚动人；而演《八大锤》中的乳娘，哭声显沉痛，令人一听，发于肺腑。他在荀慧生演出的新戏《钗头凤》中饰演的陆母更为成功，能体现出年老妇人的阴森残酷，糊涂迷信，却又不是坏人。与程砚秋合演的《朱痕记》，在"风雪牧羊山"一场中，饰演婆婆时的扑闪旋转，左歪右晃，踉踉跄跄，身段于快速准确中亦见功夫。

除此之外，孙甫亭擅演的有与程砚秋的《六月雪》中的蔡婆、《锁麟囊》中的薛老夫人，与荀慧生的《十三妹·能仁寺》中的张母、

《雁门关》中的佘太君、《得意缘》中的狄母、《盗宗卷》中的张夫人等,极重剧中人的感情交流,使戏增添光彩,深得同人赞誉。孙甫亭还曾与人合编了一出扎靠的老旦戏《阳春战》,并有剧本珍藏,也曾经担任荣春社教师。

《泗洲城》孙甫亭饰老妇、朱桂芳饰水母

孙甫亭慷慨好义，尤重戏德。1931年，参加北平梨园总会十六省水灾急赈义演，与杨小楼、梅兰芳、王凤卿、郝寿臣、刘砚亭等合演《龙凤呈祥》。孙甫亭不但老旦艺术精湛，而且是一位京剧教育家。1949年后，他在北京戏曲学校、中国戏曲学校任教。其间，将《滑油山》中刘清提的老旦特有翻跌高难技巧，进一步充实用于新编的《傅氏发配》中，保留下原剧的表演特色。此外，还排演了《程昱赚书》等剧目。

孙甫亭在老旦艺术传承、培养接班人、京剧教育事业方面都有着很大的贡献，功不可没。无论多少年过去，他的艺术魅力仍在，作为一名京剧艺术的传承者和教育者，他的精神仍在。

一生辛苦为梨园——尚小云

尚小云是京剧尚派创始人,"四大名旦"之一。1907年,拜师习老生,后又改习武生。1908年起,改攻旦行。1918年,在《顺天时报》评选活动中被称为"童伶大王"。1923年,创演京剧《红绡》《秦良玉》。1924年2月,尚小云与梅兰芳、程砚秋、荀慧生、徐碧云在《顺天时报》评选活动中被评为京剧"五大名伶"。1936年,自费成立荣春社科班。新中国成立后,成立尚小云剧团。1955年,尚小云当选中国人民政治协商会议北京市第一届委员会常委。1956年至1958年,多次率团至各地演出。尚小云的唱腔讲究字正腔圆,高亢刚劲,念白明快爽朗,流畅大气,字清音朗,感情充沛,表演刚健又婀娜,塑造了一系列侠女烈妇、巾帼英雄的形象,独树一帜。

尚小云在生活中待人十分热情,常常仗义疏财,扶危济困。1926年1月,尚小云被推选为北京梨园公会会长。他总是对同行倾囊相赠,故受同行尊敬。尚小云多次参加义演等活动。1932年3月,在天津参加了支援淞沪抗战将士的募捐义演;1933年,在天津春和剧院为救济黄河水灾义演《玉堂春》;20世纪30年代,"四大名旦"及杨小楼等各捐款300元,购地十二亩,作为梨园公墓,为梨园行穷苦的同仁安顿身后事,更是在梨园界传为佳话。

在京剧艺术的传承方面,尚小云一生致力于培养青年才俊,为京剧事业的传承发展呕心沥血。1936年3月15日,尚小云创办的荣春社科班正式成立,编写的京剧《九曲黄河阵》《北国佳人》《福寿镜》《一粒金丹》《梅玉配》《穆桂英》《雷峰塔》《得意缘》等相继问世。在荣春社科班,尚小云先后培养了200余名学生,在京剧艺术教育普及上发挥重大作用。

《失子惊疯》尚小云饰胡氏

新中国成立后,尚小云以极大的热情,率团赴全国各地演出,持续了近十年。每年演出 200 天以上,最多时达 270 多天。1959 年 1 月,为支援大西北文化建设事业,尚小云毅然带领家人和剧团到达西安。9 月,任庆祝国庆十周年陕西省赴北京献礼演出团团长。1964 年 1 月,陕西省京剧院成立,尚小云任首任院长,为西北地区京剧事业的发展和人才培养做出了巨大的贡献。

尚小云治艺严谨,对己对人要求十分严格。他品德高尚,在名角之间具有正确相争的观念。1922 年,在北京前门珠市口第一舞台,梅兰芳与杨小楼合作首演《霸王别姬》,尚小云看完戏后,找到梅兰芳,真诚地赞颂了他出色的演技,并说:"英雄好描摹,唯有美人的心境,很难传出,畹华(指梅兰芳)扮演的虞姬,在我之上。人物刻画入微,气魄神情等等都比我强!"从此《楚汉争》束之高阁,压进箱底,永不再演了。

投身抗日义演　关爱梨园同行——荀慧生

荀慧生艺工旦行。京剧荀派创始人,"四大名旦"之一。他在恪守基础上破除传统局限,发挥自己的嗓音特色,融合昆曲、梆子、汉调等剧种的曲调旋律,有所创新,塑造了许多经典的少妇、少女的艺术形象,清秀俊美、娇雅妩媚,荀慧生一生演出了300多出戏,风格各异,能戏甚多。

九一八事变后,荀慧生曾多次参加义演,筹款慰劳前方将士,并捐款支持抗日。伪满洲国邀约北京名角赴东北参与"登基大典"演出,荀慧生断然拒绝,称"决不与汉奸为伍",此后更是退出舞台,隐居达一年半。

七七事变后,荀慧生不顾个人安危,亲赴卢沟桥前线,为抗日将士进行慰问演出。前线战地上炮火纷飞,他以一出《荀灌娘》振奋人心,令战士们热血沸腾。其间有一个故事广为传颂,当时一名年轻战士重伤垂危,他刚好是荀慧生的戏迷,表示自己临死前最大的愿望就是听一段《红娘》。荀慧生闻讯深受感动,特意赶来满含热泪抱着这名战士演唱"叫张生,隐藏在棋盘之下,我步步行来你步步爬……"这名英勇的战士在喜欢的曲目中,在荀慧生的怀抱中为国捐躯,此幕让在场的每一个人都流下了眼泪。

后来,荀慧生得知,由于我方没有强力的战斗机,无法抵御日军战斗机的狂轰滥炸,伤亡极其惨重,他悲愤不已,连续义演一周,并将全部的演出收入捐给了前线的 29 路军用于抗战。荀慧生曾多次通过义演为前线战士捐献飞机。虽然荀慧生一生命运多舛,经历过许多不为人知的磨难,但在崎岖坎坷亦多姿多彩的舞台生涯中,他心中充满着浓浓爱国情怀,具有一颗强烈爱国心,可谓德艺双馨。

《杜十娘》 荀慧生饰杜十娘

荀慧生成名后，尽管演出收入颇丰，但个人生活非常勤俭节约。由于荀慧生的经历坎坷，使之对普通的艺人充满同情之心。他时常资助生计艰难的艺人，对困苦窘迫的艺人解囊相助。旧时梨园中人地位极低，若身体出现问题或年迈退休，生计便成大问题，甚至去世后连安葬都成难题。荀慧生召集，以四大名旦为首，再加上余叔岩、杨小楼等人，发起了募捐购买义地的活动。在他的筹备下，每人出300元，在自新路买下12亩空地，盖了一座小祠堂，派专人看守，让梨园界穷困的同行不再为身后事担忧，此即"梨园公墓"。此事本由荀慧生倡议，但他从不在人前炫耀自己的功德，只在日记中写了一句："关注贫穷同仁，乃是吾等应尽之责。"

勇于创新　传扬京剧——小杨月楼

小杨月楼自幼从父杨天宝学艺，七岁登台，人称"七岁红"。1909年，应许少卿之约赴上海演出，因崇拜杨月楼，遂改名"小杨月楼"。十四岁倒仓后拜在张国泰门下改习花旦，并请益于赵君玉、毛韵珂诸角，并向牛松山学习武生戏。小杨月楼青衣、花旦、刀马旦与武旦戏俱工，且在承袭传统演出规范的基础上，形成文武结合、刚柔相济的风格。在上海菊坛中，小杨月楼与刘筱衡、赵君玉、黄玉麟并称为"江南四大名旦"。

小杨月楼是京剧海派艺术家中极富创新精神的演员。他的戏路宽广，出科后青衣、花旦、刀马旦、武旦无不通晓，又可以兼演小生，不断排演新戏或改编传统剧目。在自身的刻苦努力下，博采诸行当之长，融会贯通。

20世纪20年代初，小杨月楼连续创演了《观音得道》《八宝公主》《石头人招亲》《麻疯女》《昭君》《对金瓶》《忠烈鸳鸯》等新剧目，以剧情内容与表演技艺的新颖精彩，声名尤著。在创演单本新戏的同时，他还与周信芳长期合作主演连台本戏《封神榜》，有"活妲己"之称。这一时期还经常贴演小生戏《黄鹤楼》《白门楼》《群英会》《八大锤》《岳家庄》等戏，多受益于李桂芳等人。

小杨月楼文武唱做俱佳，开创了旦行演员重武功的先例。在《李十娘》《观音得道》《花木兰》《芸娘》《杜十娘》《石头人招亲》等戏中，小杨月楼以真刀真枪开打，时人评为"女中丈夫身手不凡"。在《大英杰烈》中，他饰演陈秀英，挥舞大刀，连打带唱，挥洒自如。他

小杨月楼戏装照

在唱腔方面也有颇多尝试，在《石头人招亲》中，走通俗化路子，旦、丑对唱，唱词长达数十句，都是"五音联弹"式的［二黄原板］。在编创新戏时，他善于借鉴昆腔、俗曲等进行演唱，将唱腔糅合得十分妥帖。

　　1926 年，上海天蟾舞台老板许少卿借重小杨月楼的名望，组建"衡兴班"，并率演职人员 140 余人东渡日本演出。在东京、神户、大阪等地共演出了三个多月，他以《花木兰》《贵妃醉酒》《芸娘》《金刀阵》《水帘洞》等戏中高超的表演艺术，赢得日本观众的喜爱。据称，日本天皇打算以每月 15 万元的高薪，聘请小杨月楼留在日本从艺，而他不为所动，展现出高尚的爱国情操。此行也对京剧艺术在海外的传播，以及中日文化交流起到了推动作用。1928 年，日本著名排优市村羽龙卫门在赴法国考察返日途经上海时，特地拜访小杨月楼，欧阳予倩、周信芳等人作陪，宴请市村，并共赴天蟾舞台观看新戏。

演戏一定要有准谱——于连泉

于连泉艺名小翠花，工花旦，京剧小派创始人。九岁入鸣盛和科班学艺。1911 年，鸣盛和科班解散，次年加入富连成科班，经萧长华、郭春山等名宿教导，技艺大进。他跟从郭际湘、田桂凤、路三宝、侯俊山、王瑶卿都学过戏。1918 年出科后，搭斌庆社演戏。曾与尚小云、杨小楼、余叔岩、程砚秋等京剧名伶合作。后自己组班，在北京、上海、汉口等地演出，声誉大振。

于连泉技艺高超，尤其是他的跷功堪称一绝，无出其右者。他以花旦、刀马旦、玩笑旦应工，他的泼辣旦、刺杀旦尤为出色，别具一格。他与"四大名旦"分庭于京剧舞台，不但使花旦行的传统技艺保存下来，更把侯俊山（十三旦）、郭际湘（水仙花）、杨朵仙、路三宝、田桂凤等前辈艺术家的精湛技艺融一身。

毛世来是于连泉的学生，他在《"小翠花"与跷功——忆于连泉老师》一文中提到，他跟老师学戏时，老师对他说："你演戏一定要有准谱，不能今天这样，明天那样的，没有准谱，用不了几天观众就会讨厌你啦。像京戏的四大名旦、武生杨小楼，评戏的白玉霜，唱大鼓要数小彩舞。这些人哪个不是把别人的长处加自己的长处，糅合在一起，而独树一帜？他们之所以受欢迎，就是因为他们即不照搬别人的东西，又有自己的独到之处哇！"的确，有的演员四功五法很不错，演出时也花费了很大力气,可是由于缺乏博采众长和锐意进取的创新精神,只是虔诚地照着前人的脚印蹒跚步履,戏路就越走越窄。

《八蜡庙》于连泉饰张妈、李韵秋饰张桂兰

于连泉曾跟路玉珊、田桂凤等前辈学过《乌龙院》，后来他回忆说："我演这出戏，基本上是按照田先生的路子，但是也适当吸收了一些路先生的表演，在这个基础上，再经过几十年来自己在舞台上的摸索，才成为现在的样子。"事实的确如此，于连泉在《乌龙院》中的表演，不是以繁琐来展示技巧性身段，而是注重对表演细节的准确把握和对人物复杂内心的生动表达。他说："我演阎惜姣，是采用花旦的表演方法，而基本不采用泼辣旦来表演这个人物。"于连泉觉得阎惜姣是一个十六七岁的少女，她没有接触过社会，涉世不深，为生活所迫被卖给了宋江，对于人情世故还不了解，他认为以花旦来应，比较合适。故此，于连泉在戏中将阎惜姣演绎的活灵活现，当宋江要看她做的鞋时，她显现出一副爱理不理的神态，慢吞吞地穿针引线，然后再把鞋子梳理平整。这些动作都不能当着宋江做，全是背躬，好像宋江根本不存在一样，其目的就是让对方不耐烦，早些离开。所以才有后来的宋江再看到阎惜姣时，由之前的高兴、喜欢、得意变成了讨厌、不屑、恼怒，引出"杀惜"一场。从这一点看，于连泉将阎惜姣塑造得入木三分。

机会总给有准备的人——马富禄

马富禄有一条好嗓子，极富甜口，悦耳动听。花旦前辈郭际湘对马富禄非常青睐，主动把他吸收到鸣盛和班学艺。

马富禄平日非常喜爱使枪弄棒、蹿跳飞跃，所以练得一身功夫，表演也很出色。郭际湘觉得他是可造之才，尤其是马富禄有条铜钟似的嗓子，当时各班又奇缺唱工老旦，便毫不犹豫让马富禄改跟罗福山学唱了老旦。果然"家无隔宿粮"一句［引子］，高亮的嗓音顿时惊动了所有教戏的老师。马富禄抓住每一次学戏的机会，为今后搭班演出创造更多的出路。

不久，马富禄改搭富连成科班继续学艺。富连成科班的众位师傅都对这个嗓音响亮、武功猛冲的少年有所喜爱。同时又得知他是罗福山的爱徒，更是关爱有加。恰巧科班又缺少一位能唱正工老旦的演员，便同意收下这位带艺求师的徒弟。

马富禄在科班时非常好学，老师教戏时又特别的严谨，总是要求学生跟随着老师唱念时的节奏身、口、心相随，而且还告诉马富禄对待其他人的戏也必须做到小声默念，其他人的戏也要会的道理。马富禄自然是件件依从，可是他并不满足，亲眼看见许多师兄弟们已经"红火"，他就暗下决心，强迫自己要多多掌握其他行当的技艺。从此

《海潮珠》马富禄饰齐庄公，于连泉饰棠姜

以后，马富禄便开始偷师学艺，把马连昆、苏连汉等净行师兄的练功、学戏和各种技巧饱览、饱听。同时又观看于连泉与同行的茹富蕙、小生的董富森等人排戏的表演。每天完成个人学练演出之后，还不忘复习白天所看见的人家的唱念表演。在潜移默化的过程中敏而好学的马富禄渐渐地的崭露头角，孕育了渊博的艺术才能。

1915年，一日演出《鸿鸾禧》，由于当晚饰演金松的演员偶感风寒，临时告假，于是便请马富禄临阵救场。后台一声清脆高昂而又响堂悦耳的"啊哈"声，顿时令观众欢迎。马富禄饰演的金松从内帘上场，完全一副乞丐的形象，十足的神气，逍遥的步法，台下观众为之喝彩，觉得"有戏"而且"有哏"，加之小锣的配合，掌声四起。说起马富禄的好嗓子那更是令人折服，如果在剧中，马富禄高歌一曲，观众一定会为那清脆响堂的嗓子鼓掌。

马富禄一次次地抓住机会，勤勤恳恳，终于成为一代名丑。

抗敌御辱　深得民心——马连良

马连良艺工老生，是京剧马派创始人，为京剧"四大须生"之一。他将生行和末行的表演手段熔于一炉，极大地丰富了京剧的唱腔艺术，形成了唱、念、做相结合的风格。1908年，马连良入喜连成科班。1917年，出科后在福州演出京剧《珠帘寨》。1918年，再入富连成科班继续深造。1921年，初次赴沪演出《问樵闹府》《南阳关》等剧目。1922年12月，应邀加入玉华社。1923年，开始整理、改编传统剧目，进行京剧改革。1925年，演出整理改编的京剧新戏《广泰庄》《化外奇缘》。1927年，自组春福社，正式挂头牌。1928年，推出《大红袍》《应天球》等剧目。1929年，首演京剧《许田射鹿》。1930年，成立扶风社。1931年，改编重排京剧剧目《苏武牧羊》。1936年，整理改编的京剧《胭脂宝褶》首演。1942年，改编创作京剧《十老安刘》。1947年，演出《群英会·借东风》《四进士》等剧目。1952年，排演新编历史剧《将相和》。1955年，担任北京京剧团团长。1958年，排演京剧《赤壁之战》。1961年，演出新编历史剧《海瑞罢官》。

马连良一生中编演了许多新戏，以独特的马派风格赢得观众的广泛赞誉。尤其是抗日战争时期，马连良以艺术家高度的责任感，积极投身抗日救国的演出，希望以京剧舞台上的故事激起民众抗日的决心和斗志。1938年4月23日，由马连良改编并主演的《串龙珠》首演于新新戏院,这出饱含着反抗精神的京剧在当时影响极大。《串龙珠》主要讲的是徐州百姓遭受完颜龙的欺诈,州官徐达率领百姓,趁朱元璋攻打完颜龙之际,杀死败退的完颜龙父子,投奔了朱元璋。其故事情节暗含联合民众、抵抗外侮之意。在剧中,马连良饰演主角徐达,他还将净行大家郝寿臣请出山门,饰演完颜龙。《串龙珠》只在新新戏院演出了一场,由于首演影响巨大,被汉奸告发"有抗日思想",即遭到禁演,编演人员受到追查。后来,由于这出戏深得民心,虽不能在沦陷区公演,但在位于法租界的上海黄金大戏院不断上演,产生了深远的影响。1939年,马连良首演抗敌御侮主题的京剧《春秋笔》。该剧由"灯棚换子""换官杀驿""唱筹量沙"等情节组成,马连良前饰演张恩,后饰演王彦丞,该剧颇得观众欢迎,久演不衰。

新中国成立以后,留居香港的马连良在中国共产党的感召下,毅然返回内地。1953年,他赴朝鲜参加为志愿军的慰问演出。1955年

《赵氏孤儿》马连良饰程婴

起，他担任北京京剧团团长，排演出《赤壁之战》《海瑞罢官》等新戏。马连良一直为戏曲事业的发展呕心沥血，担任北京戏曲学校校长，为新中国京剧事业的发展鞠躬尽瘁。

才长艺广　活学活用——赵松樵

赵松樵六岁学戏,九岁响名九龄童,十二岁带艺入科喜连成。他功底深厚,艺无专师,广采博纳,独树一帜,文武俱佳,生净兼长,素有"活颜良"之誉。常年在江南献艺,曾与梅兰芳、王鸿寿、金少山、盖叫天等同台演出。九龄童少时,在天津升平戏院为谭鑫培配演《桑园寄子》的娃娃生。八十高龄曾演出了《刀劈三关》《举鼎观画》《徐策跑城》,九十高龄仍演出了《斩颜良》《古城会》《大溪皇庄》,剧场内四座皆叹,掌声如雷。

赵松樵学艺身兼南北,文武不挡。除文武老生外,还兼演武生、花脸等行当。在《三国志》中曾"一赶五",一人分饰鲁肃、诸葛亮、乔玄、张飞、关羽,著名编剧翁偶虹曾赞"一专多能,才长艺广"。对于艺术的学习,他采取的是开放态度,并不是说谁有名就学谁,局限于一人一派,而是博采众长,融于一身。在前辈中他学习谭鑫培、双阔亭、汪笑侬、苏廷奎、程永龙,李吉瑞等人的艺术;同辈中吸收周信芳、王凤卿、言菊朋等人的优点;甚至连晚辈的艺术,他认为好的也去学习切磋。

赵松樵生性豁达,看淡名利,平日为人低调,待人和善,赢得了梨园后辈的尊重与爱戴。尤其在传艺教徒上,他从不保守,不仅向后辈传授一己之长,对他人之长也毫不吝惜赞赏与推荐。得赵松樵教益的名家数不胜数,如传授老旦名家何佩森之《清风亭》《雪杯圆》《斩经堂》等戏,传授青衣名家李开屏之《南天门》,传授花脸名家王德刚之《秦灿打堂》,传授武生名家高盛麟、李仲林、李万春、李盛斌之《战马超》,传授武生名家傅德威、张世麟之《长坂坡》,传授老生名家高宝贤之《刀劈三关》,传授老生名家赵世璞之《斩黄袍》,传授老生名家曹铁生之《乌龙院》《献地图》等戏,传授梆子名家高明山之

《白马坡》赵松樵饰颜良

《云罗山》，传授北昆名家侯少奎之《单刀会》，教授北昆名家白士林之《英雄义》，他还为梆子名家王伯华指导过关羽戏的表演技巧，从唱念做打、人物分析到锣鼓场面，面面俱到，毫无保留。

1989 年，天津表演艺术咨询委员会联合天津京剧团举办庆祝赵松樵先生舞台生涯 82 周年纪念活动，闻听这一消息，多个省市的近二十位艺术家不辞劳苦，齐聚天津庆祝，纷纷登台献艺，场面盛大。其大弟子李铁英不顾病体毅然坚持登台，与师兄弟和师父同台演出。

德艺双馨的京剧艺术家赵松樵，亲身经历了大半个京剧史的历程，耄耋之年时仍活跃在京剧舞台上，其卓越的艺术风范与品德事迹，永远值得后人追思。

绝不藏私　倾情奉献——茹富兰

茹富兰幼承家传，在富连成科班时先跟萧长华及萧连芳学小生，后嗓音变声，又改习武生，练就了一身方方正正的技艺。从程继先习小生，武生戏学于杨小楼，故艺兼程、杨两派风范。

在富连成科班期间以演小生戏为主，出科后专攻武生。他的功架优美漂亮，尤其是周瑜、吕布等角色的武小生戏最为精彩，演得活灵活现。他从不单纯卖弄技巧，而是从剧情和人物性格出发，运用传统程式刻画人物。常常是在前面单挑一出武生戏，后面再配演一个小生角色，大家都很佩服他。

新中国成立后，他受聘任教于中国戏曲学校，教武生。但其学生中的张春孝是茹富兰破例教的小生戏。当时张春孝本来是学武生，但是茹富兰觉得他的条件唱小生更好，而且当时文武小生太缺了，就提出让他改学小生。而张春孝的志向就是跟茹富兰学戏，一切听从老师安排。这样，茹富兰就有了思量：既不能毁了学生的志向，又不想可惜了他文武小生的材料。于是，茹富兰向校领导提出了建议，破例教张春孝小生戏，不过只教他一人。不为别的，当时有那么多教小生的老师，不合适。在得到校领导的支持和批准后，张春孝便幸运地得到了茹富兰的精心培育和教导。

茹富兰在教《战濮阳》时，是先从同典韦对戟教起，让张春孝和

《挑滑车》 茹富兰饰高宠

扮演典韦的同学穿戴整齐，每天拿着兵器坚持打一上午。就这样打了将近一年的时间，才开始说文场子。对戟难学难练，只吕布的一个"四击头"出场，张春孝就学了十来天。茹富兰从《战濮阳》中吕布的"四击头"出场直讲到了《辕门射戟》中吕布的出场，再从吕布又分析到《群英会》中周瑜的出场，一直说到《玉堂春》中的王金龙、《连升店》中的王明芳等一系列角色的出场，通过人物性格、身份的差异，来分析他们具体的艺术处理方式。茹富兰不仅教了《战濮阳》中吕布的一个出场，更是教会了张春孝如何运用艺术手段去塑造不同类型的人物。这不仅是教他一出戏，还给他上了一门生动的表演艺术课，使张春孝受益终生。

  茹富兰是一位真正的京剧教育家，不仅仅关注学生"四功五法"，而且还细致地教授剧目，更是不藏私、倾情奉献，愿意做后辈的奠基人，用自己丰富的舞台经验和对剧目的分析、人物的刻画和创作思路为学生构建一条通往艺术创作的阳光之路。

拳拳爱国心　累累家国情——唐韵笙

唐韵笙艺工老生，唐派艺术创始人。他的艺术全面，文武皆能，才艺双全，他在继承之中再发展，为地方的京剧事业发展鞠躬尽瘁。

享有"南麒北马关外唐"美誉的唐韵笙，多才多艺，功底深厚，文武昆乱不挡。他不仅是老生行当中的多面手，也能反串净行和老旦。他的红生戏《古城会》《灞桥挑袍》《屯土山》等演来别具风采。他所塑造的关公形象，造型庄严肃穆，表演讲究功架稳健，唱腔优美，将关羽的忠义勇武表现得淋漓尽致。他以铜锤花脸应工《铡美案》的包公，将包公刚正不阿的形象树立在观众心中。唐韵笙不仅擅演，也擅长编剧，在近六十年的舞台艺术生涯中，他改编创作的剧本有50余部，主要是以《东周列国志》《史记》及《三国演义》等为题材的历史剧，如《未央宫》《斩韩信》《甘宁百骑劫魏营》等。唐韵笙所饰演的多是历史上不畏强敌的爱国将领和历史名人，他将中国历史中的著名人物和事件以唐派独有的凝重、深厚、大气的艺术风范呈现在舞台上，深受观众的热爱。

更为难能可贵的是，唐韵笙有着一身正气，在其艺术生涯中，处处彰显出深厚的家国情怀。1925年，上海爆发五卅运动，震惊中外。消息传到天津，唐韵笙四处奔走，倡议梨园界同仁举办义演来支援罢工工人。义演倡议立刻得到各方面响应，观众踊跃前往买票，唐韵笙的爱国之心受到称赞。

唐韵笙一直在东北地区演出,他目睹日军的侵略和凌辱,怒在心头,遂不畏日伪势力的淫威,编写《扫除日害》(以《后羿射日》的故事影射)的剧本,借古喻今表明了"日害不除,国无宁日"的决心。他坚持在东北十余个城市为挣扎在死亡线上的苦难同胞演戏。因为《扫除日害》的演出,唐韵笙受到通缉,他身陷囹圄,剧团的其他人被日军扣押,甚至受到了死亡威胁。

然而,唐韵笙并不屈服,当危机暂时解除时,他凭着一身正气和

《刀劈三关》唐韵笙饰雷万春

家国情怀，又编写了反抗暴力、弘扬正义的《闹朝扑犬》《二子乘舟》《尧舜禹汤鉴》等戏。在《闹朝扑犬》中，他用借古讽今的手法，通过春秋时期一个奸佞用恶犬伤人的故事，深刻地揭示和鞭挞了日本帝国主义及其走狗残害中国人民的罪行，赞扬了不畏强暴的仁人志士。这些戏以古喻今，深受东北各地观众喜爱，也鼓舞了全国人民的斗争士气。

新中国成立后，唐韵笙担任沈阳京剧院副院长，他还先后主演了《云罗山》《詹天佑》《郑成功》等新编历史剧，将中国近代史上值得歌颂的人物也搬上了京剧舞台。

弘扬民族精神　耕耘京剧艺术——*程砚秋*

程砚秋艺工旦行，京剧程派艺术的创始人，"四大名旦"之一。1910年，师从荣蝶仙学艺。1914年，取艺名"艳秋"。1919年，由罗瘿公为其将旗姓"承"改为汉姓"程"，并拜梅兰芳为师。20世纪二三十年代，在程砚秋艺术成长的关键时期，他就已经意识到了演员应当肩负的社会责任。1931年，程砚秋写了一篇《我的戏剧观》，在文中他提出："一切戏剧都有要求提高人类生活目标的意义。"程砚秋主张选择上演剧目必须考虑它的思想意义和社会作用。基于这种认识，他和剧作者编演了许多富于爱国主义思想的剧目。20世纪30年代上演的《文姬归汉》，剧中的蔡文姬坟前哀哭王昭君，以此来痛批当时政府软弱的外交政策。《荒山泪》《春闺梦》《亡蜀鉴》都是借剧情来反映当时人们的期盼和对和平的渴望。

抗日战争胜利之时，蓄须多年的梅兰芳决定演出，大家期望很高。此时的程砚秋应邀来到上海演出，不想与梅兰芳的演出时间"撞车"。程砚秋早年曾拜梅兰芳为师，并代表梅兰芳到南通演出过《贵妃醉酒》。面对自己的老师，程砚秋有意"让台"演出了十九场的《文姬归汉》。还有一次，也是在程砚秋未知情的状况下，又发生了演出时间上的冲突，程砚秋让负责演出的人员跟剧场商量，改演了十七场的《荒山泪》。1946年，程砚秋参加了为儿童福利基金会演出的义务演出活动。1949 年,程砚秋开始到全国多个地区去考察地方戏曲音乐。回到北京后,他把研究成果撰写成文向文化部提交《西南戏曲音乐考察报告书》。1952 年,在第一届全国戏曲观摩演出大会上,程砚秋演出了《三击掌》并获荣誉奖。1953 年,抗美援朝获得胜利,程砚秋参加了

《锁麟囊》程砚秋饰薛湘灵

赴朝鲜慰问团为中国人民志愿军演出。1957年，程砚秋加入中国共产党。程砚秋的唱腔艺术严格遵守音韵规律，起伏跌宕，节奏多变，表演风格非常细致深刻，同时注重贴近生活的真实性。在艺术创作上，程砚秋一生坚持革新创造，在嗓音极度困扰自己的情况下，最终创造出悠扬婉转的演唱特色。

程砚秋一生热爱戏曲事业，在京剧艺术中辛勤耕耘，孜孜以求，具有强烈的社会责任感，留下了许多佳话。程砚秋的一生，是不断追求光明、追求进步的一生；是为弘扬民族精神不懈努力的一生；是为京剧艺术辛勤耕耘、进取创新的一生。

勇于拼搏创新——徐碧云

徐碧云工旦行,是著名小生徐宝芳之子,兄徐兰沅为著名琴师。曾拜吴菱仙、吴彩霞为师,后入斌庆社,徐碧云的武功以翻跌见长,人们送他一个美誉"舞台三绝"。

1927年6月19日,在《顺天时报》举办的"新剧夺魁"评比活动中,徐碧云与梅兰芳、尚小云、程砚秋、荀慧生并列为"五大名伶",可见艺术造诣之深。

徐碧云天资聪颖,勇于进取,敢于实践,形成了自己独特的艺术风格。《绿珠坠楼》是他的代表作,难度极高。他饰演的绿珠,前面翩翩起舞,步伐轻盈,婀娜多姿;后面演唱声情并茂。最为精彩的是"坠楼"一场,他一脚踢破栏杆,一个抢背从三张桌上凌空翻下,平躺在台上,快而不乱,干净漂亮,没有深厚的功底,是难以胜任的。

20世纪30年代,他因为身体和战乱等原因,渐渐淡出舞台,到了40年代主要以教戏为主。他先后到北平四维剧社、上海夏声剧社任教。1964年,徐碧云担任陕西省京剧院副院长。

徐碧云是一个永远不服老,且勇于拼搏求新的人。1953年,他率团到西安演出,当时他已年近50岁,身体不太好,尽管如此,他演出的剧目还多是文武并重的功夫戏,如《八大锤》《东吴二乔》《白蛇传》《绿珠坠楼》等。如果演折子戏他必选双出。

徐碧云在京剧艺术上的创新也是有目共睹的。1961 年，他在教毕谷云《宝莲灯》这出戏时，先是按照传统演法传授，后又对老本子不太满意，于是与他人一起将剧本进行加工修改，重新塑造王桂英、刘彦昌这两个人物，赋予他们深明大义、善良贤德的个性特征，上演后得到观众的认可和赞誉。《木兰从军》是梅兰芳传授给他的一出戏，后来他又将这出戏传授给言慧珠等人。1962 年，徐碧云与林金培对剧本

《绿珠坠楼》徐碧云饰绿珠

进行了修改，删去了一些松散拖沓的场子，力求突出花木兰这一主要人物，使剧情紧凑明确。通过排练，他又结合剧情和表演需要，再次进行大胆的改革。如第四场"替父从戎"，只留下四句词"霜月压长川，征人夜不眠。羽书如火急，何日到军前"和一段［折桂令］，删去了［新水令］及自报家门的一段念白。这样一改，戏的节奏加快了，舞蹈动作加强了。《木兰从军》这出戏从修改剧本到舞台演出，耗费了徐碧云巨大心血。

徐碧云为戏曲事业奋斗了一生，晚年积极致力于剧本修改和接班人的培养，尤其为陕西京剧发展做出了卓越贡献。

传承有序——陈鹤峰

陈鹤峰十三岁师从谢月亭学唱老生,擅长演绎《斩黄袍》等强调唱功的剧目,同时武生戏也是他的长项。其在学习麒派的基础上,融合各家所长,做到了创新发展,形成了独特的表演风格。表演细腻到位,飘逸自然,精神抖擞,工架丰富,嗓音既宽且润,念字如珠落玉盘,感染力十足。在新中国成立后武汉市的首届戏曲大会上斩获一等奖。1956年,他受邀参加湖北省首届戏曲汇演,凭借精彩演出将一等奖揽入怀中。

陈鹤峰的唱功一流,天赋极佳,嗓音宽亮、响堂,还能产生"立音""炸音"等效果,不管是表演《追韩信》等麒派戏,还是表演《甘露寺》等骨子老戏,均能清亮爽利地展示"麒韵风骨",功力深厚,广受好评。陈鹤峰还有一拿手绝活,即他在舞台上使用的节目单"特刊"没有刊印唱词的习惯,场内不设提示用的字幕,台上也拒绝安装扩音系统,是为老一代京剧名家之典范。

1953年,武汉市京剧团响应国家号召,组织若干团员赶赴战火纷飞的朝鲜前线做慰问演出,陈鹤峰也参与其中,于条件极差的坑道之中为奋勇杀敌的志愿军倾情演绎,受到嘉奖。1954年,武汉遭逢大汛,陈鹤峰率团赶至武汉,用精彩的表演鼓舞人心,因此荣立三等功。

《四进士》陈鹤峰饰宋士杰

1960年他就职于湖北省戏曲学校,出任副校长一职。办学期间,严于律己,兢兢业业,一心扑在教育培养麒派后备力量上。他感恩于党的关心爱护,要"把我知道的,毫无保留地教给学生"。有时,他说戏说起了劲,连续上四节课也不休息。学生看到这个情景,很受感动,热情地劝他休息一下。

陈鹤峰与恩师周信芳之间的师徒情谊很深,1963年冬,周信芳率上海京剧院一团巡演西南诸省,先是重庆,然后顺江而下来到武汉。此次演出,武汉人民剧院经常满座,一票难求。在后台,陈鹤峰每天都不曾缺席,协助其师父装扮好;在走完"缓锣"启幕环节之后,陈鹤峰为师父一丝不苟地"把场"!晚上协助老师下装、谢幕。两代京剧大家之间浓浓的师徒情谊,在业内一时传为佳话。

慰问最可爱的人——谭富英

谭富英出身于梨园世家,是京剧艺术家谭鑫培之孙、谭小培之子,谭派第三代传人,为后"四大须生"之一。

谭富英家学渊源,深受祖父及父亲的影响。早先入富连成科班接受了长达六年的学习和实践。谭富英专攻老生,在靠把戏上颇有造诣,在多位严师的谆谆教导下,习得了异常扎实的基本功。后拜余叔岩为师,系统研究了谭、余两派的风格。谭富英在继承家学的基础上,博采众长,并发挥个人特长,形成了酣畅淋漓、朴实大方的独特风格,其唱腔备受业内人士和广大听众的认可,被誉为"新谭派"。

谭富英善于运用唱腔和做功来塑造人物形象。在《群英会》中,谭富英重点展现了鲁肃朴实憨厚的一面,和周瑜、黄盖、诸葛亮等人物形成了极其鲜明的对比,不仅呈现了性格上的差异,还展现了心理上的不同,场上气氛得到了充分调动,谭富英的精彩表演可谓功不可没。在《空城计》中,谭富英饰演智谋无双的诸葛亮,在展现该人物睿智一面和凝重心态的同时进一步升华,凸显了诸葛亮为蜀汉兴盛殚精竭虑的精神面貌,动人心弦。《定军山》《战太平》除了展现令人叹服的唱工外,还突出了靠功的精湛、刀花的稳练,毫不拖泥带水,使人沉醉其中,难以自拔,在凸显人物刚烈性格的同时,也展现了当时的时代风貌。

新中国成立后,谭富英更是为京剧事业的传承与发展贡献了很多力量。他与裘盛戎密切合作演出了《将相和》,引起很大反响,并在 1952 年举办的第一届全国戏曲观摩演出大会上获奖。谭富英所塑造的蔺相如,既刻画了蔺相如的宽宏、忍让的形象,表现出老臣视死如归、大义凛然的英雄本色和顾全大局的博大胸怀,又突出了全剧团结御侮

《战樊城》谭富英饰伍员

的主题思想。他参加抗美援朝慰问演出时，适逢其父谭小培病故，此时的谭富英已随团到达天津，得知消息即刻返回北京，待办完丧事后，旋即赶赴朝鲜。1956年，谭富英和包括马连良在内的多位京剧名家强强联手，打造了两部水准颇高的京剧艺术影片，即《群英会》《借东风》，问世之后，颇受好评，被后人奉为经典。1959年，谭富英又和叶盛兰等多位知名艺术家合力推出了新编剧目《赤壁之战》，他在其中饰演刘备，演绎精彩，反响不俗。他与马连良默契十足，联手奉献了《十道本》，二人交相辉映，彼此成就，令观众大饱眼福。谭富英曾任北京京剧团副团长，他在培养后学方面鞠躬尽瘁，为传承京剧老生艺术做出了极大的贡献。

1964年，谭富英受病所累不得不告别舞台，然而他对艺术的孜孜追求，对创作的严谨务实、精益求精的作风影响了一代又一代的京剧人。

爱戏成痴　博采众长——黄桂秋

黄桂秋从小在北京读书，学生时代即爱好京剧，1923年拜陈德霖为师学艺，专攻青衣戏《祭江》《祭塔》等，均得真传，是旦行黄派的创始人。此时京剧正处繁盛时期，名角频出，百花齐放，好学的黄桂秋抓紧时间向各路名家请益。他不拘一格，博众家之长，为个人艺术造诣的提升夯实了基础。后来到了南方，获得"江南第一旦"的称号。

1930年，黄桂秋在北京开始自行组班，与其师陈德霖同台。九一八事变后，黄桂秋自组正谊社，到外地演出。在天声舞台演出时，向荣蝶仙求教，掌握了花旦、刀马旦的精髓。在剧目上强调广泛涉猎，而不是固守于陈门本派。黄桂秋不仅演梅派的戏，也演荀派的戏，还演程派的戏，并且自己创排了新戏《骊珠梦》。他还抓紧时间向章小山请教，对王（瑶卿）派技艺有了较深理解，在兼容并蓄基础上达到了相当高的个人艺术成就。对于黄桂秋而言，该时期无比重要，是其艺术上的一个转折点。1938年，他先后赴广州、香港、上海等地，为观众奉上了精彩演出。他清脆甜美的嗓音让台下听众如痴如醉，委婉动听的唱腔仿佛天籁，很多女演员闲暇之余不禁学唱，一众票友更是奉若神祇。周信芳也认可黄桂秋的能力，曾多次与之合作，还引荐王熙春、金素雯与黄桂秋相识，并拜为师。上海戏剧学校听说黄桂秋的大名后聘请她入校教戏，在此期间，他先后将顾正秋、梁小鸾、童芷苓等多位颇具潜力的京剧人才收入门下。江南一带，黄派唱腔站稳了脚跟，且有日益壮大之势，颇受观众认可和喜爱。

《宝莲灯》黄桂秋饰王桂英

黄桂秋在继承陈德霖衣钵的基础上，专心致力于青衣表演艺术。他结合梅、程的唱法，利用自己嗓音的特点有所发挥和创造。黄桂秋还对余叔岩、马连良的唱腔进行了积极借鉴，且做到了活学活用，始终不脱正工青衣唱腔本色。黄桂秋对于花哨向来是不屑的，韵味才是他的一贯追求，这是其独特艺术感染力得以形成的基础和保障。黄桂秋钻研音韵，造诣颇深，尤擅演唱去声字。1949年，组建秋声京剧团，任团长。同时广招学生并亲自教授，并且创办秋声社，既培养了一批戏曲人才，又演出了大量的剧目。他积极响应党和国家的号召，先后多次主动请缨参与下乡演出，足迹达8省、72（乡）镇，不少偏僻乡村也留下过他的天籁嗓音。黄桂秋在整理和改编上也投入了不少精力，传统剧目《别宫祭江》等在其整理之后重获新生，《梁山伯与祝英台》等在其改编之后更显韵味。1962年，他供职于上海京剧院，倾心教授青衣表演艺术，为戏曲艺术培养人才。

黄桂秋一生爱戏成痴，潜心研究，勤学苦练，集各派之所长，对于京剧事业的传承做出了贡献。

继承旦行风采　传扬京剧艺术——黄玉麟

黄玉麟最初艺名"小绿牡丹",艺工花旦、青衣,以南、北派融会贯通,各得其妙,誉满南派京剧舞台,与赵君玉、小杨月楼、刘筱衡并称南派"四大名旦"。十岁拜南派花旦戚艳冰(绿牡丹)为师,习花旦。次年正式改名黄玉麟。1918年首次在南通登台。1919年,随师到东北演出,后承先师之艺名"绿牡丹"。1920年起,先后在上海亦舞台、大世界乾坤大剧场、春华舞台等登台演出。1923年,赴北京在新明戏院演出,并拜王瑶卿为师,学青衣戏。1924年春南归,先后在上海第一舞台、更新舞台、大舞台等演出。1949年后,先与黄桂秋在南京中华剧场演出,后回上海加入人民大舞台与黄桂秋等合作短期演出。1951年参加上海京剧改进协会流动演员的演出。1952年在上海市文化局支持下,组织京艺京剧团,任团长。1956年,担任上海市戏曲学校京剧花旦教师。

黄玉麟戏路宽广,嗓音清亮,表演细腻。他在京剧表演艺术上不仅享誉国内,也在海外舞台上绽放光彩。黄玉麟善于博采众长,而又独具风格,他十分注重唱、念、做、打的整体美,一生在舞台上塑造了许多栩栩如生的女性形象。在《宝蟾送酒》中饰演的宝蟾身姿曼妙,风流旖旎,恰到好处。在《游龙戏凤》中饰演李凤姐,刻画入微,不同凡响。在《天女散花》的首场戏中用[二黄慢板],效果较好;《麻姑献寿》的"盘舞"中唱［西皮慢板］和［二六］，达到形神兼备的效果。他还善于运用［五音联弹］来反映角色所处的环境与情绪，在《赵五娘》中的"描容别坟"，就用［五音联弹］唱大段的悲调，有如三秋雁唤，午夜鹃声，不能不令人感受到此情此景赵五娘的万种悲情。他所演出的其他悲情戏也常能以悲调唱腔配合传神的表演而催人泪下。

《樊江关》黄玉麟饰薛金莲

黄玉麟是 20 世纪早期在海外弘扬京剧艺术的重要人物之一。1925 年 6 月，经朱启绥介绍，黄玉麟率团东渡日本，这是应日本东京帝国剧场之邀。7 月 1 日起，他们先后在东京、大阪、神户、京都等地演出，反响强烈。当年《申报》刊登的《绿牡丹东游纪盛》一文中谈道："日本人士对绿欢迎甚至，全国报纸争记其事。……名人如小村侯爵，冈部子爵，富豪安田岩次郎等，皆于帝剧日据一座，并各款以盛宴赠以贵重之礼物，称颂之诗文。"黄玉麟的演出赢得了日本观众的高度评价，日本国内各大报纸争相报道，刊登各种剧照，把黄玉麟誉为中国剧界的"杰出之才"，出版了《绿牡丹号》杂志进行宣传。

1930 年后，黄玉麟组织剧团赴云南昆明演出，在金碧游艺园、天南戏院演出《西游记》《石头人招亲》《开天辟地》《飞龙传》等。1937 年抗战爆发后，他在营口、大连、沈阳、哈尔滨等地演出。1943 年，他在北平组班演出年余。新中国成立后，黄玉麟受聘于上海市戏曲学校，将自己毕生所演的颇具特色的花旦戏传授给青年学子，为京剧艺术的传承与发展做出了杰出的贡献。

教戏一丝不苟——孟小冬

孟小冬九岁拜孙（菊仙）派老生仇月祥为师，1919年加盟上海共舞台与乾坤大剧场，成为正式演员。1923年春，随白玉昆戏班抵达天津。1926年，在天津与金少梅合作组班，在大罗天演出，居天津很长一段时间。1938年，正式拜余叔岩为师。当年被天津《天风画报》主编沙大风撰文尊称为"冬皇"。1947年告别菊坛。

孟小冬对挑选弟子很严格，只要是有天赋、有意志的人才，就有资格做她的学生，无论你是演员还是票友。在孟小冬的弟子中，钱培荣算是最为用心用功的一位。1952年春，钱培荣在严欣祺的公馆举行了拜师大典。与他同时拜师的还有赵培鑫和吴必璋。这一天，孟小冬神采飞扬，心情极为高兴。从此，钱培荣每天准时来学戏，整整学了七年。

孟小冬在传戏时对待弟子极为认真，严格规定未经她的允许，不能随意在外面吊嗓，更不得在外面演唱还未纯熟的戏，可见她对于京剧的忠诚和爱护。孟小冬教戏一丝不苟，仔细认真。钱培荣回忆："孟师说戏循循善诱，不畏惮烦。一字一句、一个气口或喷口都要详细讲述。一招一式，举手投足，以及手、眼、身、步之衔接配合，都要交代清楚明白。"关键节点或特殊部分，她还要亲自示范，亲手指点。一出戏，她先教唱腔，再教字韵，学好了一段之后，先让你上小胡琴，再上大胡琴。上了大胡琴，才让你用大嗓唱，用大嗓唱熟之后，再给你说其间之"俏头"。有关抑扬顿挫、尺寸语气，均是一遍又一遍的反复加以解说，一直到你能充分吸收为止。钱培荣说："这也是其中画龙点睛，最难学的一部分了。总要唱到数百遍以上，方能获得孟师的点

《珠帘寨》孟小冬饰李克用

头。"至于念白，孟小冬在给钱培荣说戏时，不仅主角的白口要照念无误，就是配角以及下手活的词句也都一起说。最令人佩服的是，她把配角的词也背得滚瓜烂熟。在说戏时一问一答，如数家珍。

　　孟小冬常常提到昔日学戏时是如何的艰难。她说："你们今天学戏，这点儿福气，也不知是几生修得。一切都是现成的，有如探囊取物，手到擒来。我们那时学戏必须至深夜，客人散了之后。老师如精神好，才能开始给说戏。精神如不好，也只好就免了。"当年孟小冬跟余叔岩求教的时候，连笔记都不让记，纯凭口传心授。现在她教弟子学戏，不仅允许学生录音，回去后反复研习，还允许学生将所学唱腔录音后寄送给她，予以指点修改，实为一大美德。也正因如此，孟小冬说戏的数段录音才被保留下来，成为后人研习余派艺术的珍贵教材。

追求艺术　清贫人生——杨宝森

杨宝森艺工老生。1917年起，杨宝森随父亲杨孝方学习武生。1920年，在启蒙恩师裘桂仙的介绍下，杨宝森开始在斌庆社科班学艺，首次公演是在吉祥戏院演唱《朱砂痣》。1924年，赴上海演出《定军山》《汾河湾》等。1929年嗓音逐渐恢复，并灌录了《七星灯》《马鞍山》等唱片。1934年，在北京正式搭班演戏。1939年2月，以京剧《雁门关》获得关注。1942年，在宝华社演出《四郎探母》受到观众喜爱，杨宝森被选入"四大须生"行列。1951年，在上海为抗美援朝义演京剧《搜孤救孤》。1956年，杨宝森担任天津京剧团团长。

杨宝森是京剧史上一位承前启后的艺术家，他的艺术道路和成就，在后世成为了典范。杨宝森的嗓音宽厚圆润，又苍劲有味，他在精研谭、余的基础上，扬长避短地进行艺术创造，成就了以韵味取胜、从细微处体现旋律、细腻而不琐碎、耐人回味的艺术风格，世称杨派。

杨宝森终其一生都在精雕细琢，追求唱腔艺术的隽永。他的声音厚宽、中音强，在唱腔唱法上，以曲折、深邃取胜，特别是一些小腔的运用，显得纤巧灵活。杨宝森对于带有悲剧色彩的唱腔，尤其擅长，而一些欢快、明朗的唱腔，他唱得很有色彩，他的唱腔有多方面的表现力。他演出的剧目基本上是以传统戏为主，但他却是采取了一种老戏新唱的方法，对每一出戏的唱腔几乎都做了新的琢磨。在一些剧目中，他还谱制了不少新旋律，丰富了原有唱腔。他在演唱过程中经常采用一种"耍板"的唱法，比较明显、幅度较大。就是让本当落在板眼上的字不落进板槽内，又灵活多变，又仍然有节奏，达到异曲同工的效果。晚年的杨宝森在演出中，还进行过更大胆的"耍板"试验。

《文昭关》杨宝森饰伍员

作为探索，有时用过几次感觉不妥便放弃了，但他力图将板腔用活的思想显而易见，表现手段层出不穷。杨宝森继承了谭、余"湖广音""中州韵"的传统，继承了余叔岩十分考究字音、字义的方式。除了字音准确、清楚，各个辙口的字的字头、字腹、字尾都精心处理。行腔中，把字音处理得相当适度，不紧不松，既美又圆，润饰得很美。

  杨宝森执着的审美理想，以舞台实践诠释着京剧的经典之作，许多作品至今是无人逾越的高峰。与杨宝森在艺术方面的执着追求形成鲜明对比的，是他一生从不趋时媚俗。梨园行中人常说"杨三爷红在死后"，说明杨宝森生前是一位寂寞、清贫的艺术家。在杨宝森有生之年，他不赶时髦，不突出自我，而是一直心无旁骛，精心钻研京剧艺术。这种甘于清贫、甘于寂寞的精神成就了他的艺术，为后世艺术家们所学习。

践行艺术理想——奚啸伯

奚啸伯艺工老生。因自幼对京剧产生了浓厚的兴趣，1921年，拜言菊朋为师学习京剧。1929年，正式"下海"，成为专业演员。1933年，奚啸伯与程砚秋、尚小云、荀慧生等人合作演出。1935年，被梅兰芳提携进入承华社；同年，自行组班任领衔演员。1937年，拜李洪春为师，此后十年，先后旅演于北京、天津、上海等多个城市。新中国成立后，奚啸伯担任北京京剧团四团团长、石家庄地区京剧团副团长等职，新创演了《范进中举》等一批新编戏和现代戏，为新中国京剧事业的发展贡献了力量。奚啸伯的唱念如洞箫之美，具清新高雅、委婉细腻之韵。奚啸伯的表演气质脱俗，形成了独特的风格，世称奚派。

奚啸伯善于博采众长、取长补短，他在唱、念、做方面都下了苦功。他的嗓音深沉而委婉，唱腔清澈而圆活，精当雅洁，格局严谨，长于喷口，吐字讲究。后人评说奚啸伯的唱腔如洞箫之鸣咽，幽暗而传远。他的念白讲究四声音韵，吞吐收放有致，字句清晰分明，极尽抑扬顿挫之妙。奚啸伯主张通过念白的声调、语气、情感去刻画人物。他的表演细腻而洗练，大方而潇洒，注重神韵，追求意境。

奚啸伯在舞台上塑造了诸多动人的形象，再现了传统戏当中可歌可泣的人物。他主张举止神态都必须切合身份，一哭一笑均不可脱离人物。在舞台上气质脱俗,格调高雅,自有一股"书卷气"。他演的《十道本》中的褚遂良、《清官册》中的寇准等,都以大段唱念展现人物的情态,体现出他精湛的功力。奚啸伯演《乌龙院》中的宋江,情绪细腻,上下楼、卷门帘的写意表演浑然天成;演《四进士》中的宋士杰,夜偷书信、执灯撬门、写衣襟等,做功持重。奚啸伯的《哭灵

《苏武牧羊》奚啸伯饰苏武

牌》如泣如诉，悼念兄弟功德，悲凉哀痛，情真意切。《白帝城》中的刘备则是典型的儒者形象，奚啸伯演来细腻流畅，真切动人，声声传情，句句有戏，悲凉中又带有激情，十分耐人寻味。

新中国成立后，奚啸伯认真学习践行"文艺为工农兵服务"的文艺政策。20世纪50年代，带头自降工资。他率领石家庄地区京剧团赴多地演出，坐马车、唱席棚，吃农家饭，深入体验老百姓的生活。老百姓很喜欢奚啸伯，石家庄一带的农民流传着"砸锅卖铁，也要看看奚啸伯"的说法。奚啸伯决心学演现代戏，为工人、农民、军人献演，于是，他参演了《白毛女》《桥头镇》《红云崖》《霓虹灯下的哨兵》等反映革命斗争与新生活的现代戏，在这些戏中，无论是主角配角，他都全心全意地演好人物。

奚啸伯不仅戏演得好，而且人品高尚。在生活中，他仗义疏财，接济生活困难的同行、朋友甚至陌生人，自己的生活却因此时常陷入困窘，他也毫不在意。

令人难忘的"坤旦领袖"——雪艳琴

雪艳琴是最早一批女演员中成就最为显著的,享誉"四大坤伶"之冠。她还与侯喜瑞、马连良并称为梨园回族三杰。

雪艳琴七岁开始学艺,幼年初习梆子花旦,八岁时借台在姚佩秋班演出。不久即以金小仙之名开始跑码头。回京后又搭小香水班在广德楼、燕舞台等处演唱。之后拜靳国瑞为师改学京剧。1923年起以雪艳琴之名登台献艺,后自挑大梁。1926年她与章遏云、苏兰航等在新明戏院演出。又和孟小冬合作,不久加入奎德社。她在赶排新戏的同时,还积极向京剧前辈张彩林、赵芝香、荣蝶仙等求教。自雪艳琴投入王瑶卿门下,技艺大精。

雪艳琴的嗓音清婉甜脆、高低宽细,任其使用,且扮相俊美大方,擅长表演,戏路极广。她不仅擅长青衣、花衫戏,还精于刀马旦、花旦戏。雪艳琴不仅有着优越的嗓音条件,而且精于唱法。她的演唱具有王瑶卿圆美大方的特点,有方家评其演唱艺术是"得畹华之神彩,含御霜之缠绵,具小云之清越,兼留香之绮丽"。这是她吸收了尚小云、梅兰芳、程砚秋、荀慧生诸家之长。她的演唱腔调悠扬,情韵兼致,这是她融为一体的风格体现。在20世纪20至30年代,她名噪大江南北,有"坤旦领袖"之誉。她还擅长念京白,演旗装戏时在念白、做派上描摹旗籍妇女,惟妙惟肖。

雪艳琴从青年时期就开始注重文化学习，演戏时非常讲究人物性格，注重剧情戏理。"演戏要在人物性格中找动作"，这是她多年演出后的感悟，而且她还说"演唱要注重表情，唱出感情来"，由此可见她

《霸王别姬》雪艳琴饰虞姬

的唱念表演富有生气。她在《霸王别姬》中扮演的虞姬落落大方、雍容华贵。《杏元和番》中的"重台分别"一场，她表现得缠绵悱恻、细腻动人，很有深度。

雪艳琴在几十年的艺术生涯中，曾有两度息影京剧舞台。其中一次是日军入侵东北后，她闻听后决定谢绝演戏，闭门不出。尽管她生计拮据，靠典当度日，仍两次坚拒权贵的重金邀请。只是在1940年各界爱国人士为赈济河北水灾募捐发起义演时，她应邀以黄咏霓的本名挂牌登台，为赈济灾民献艺。雪艳琴隐居在兰州多年，直到1951年，为庆祝天兰铁路通车，才重施粉墨再现舞台。新中国成立后，她经梅兰芳推荐加入中国京剧院。此后，随着文艺界的百花齐放，推陈出新，她和李少春、杜近芳等人在1958年合演的现代京剧《白毛女》中饰演黄母。在这个人物的塑造上她突破京剧行当限制，为旦行艺术的开拓做出新尝试。

苦心学程　偷艺成名——新艳秋

新艳秋早年学习梆子，后改学京剧，先后拜荣蝶仙、王瑶卿、梅兰芳为师。因酷爱程砚秋的艺术，遂专攻程派。新艳秋是学程派第一人，为了自己的梦想，新艳秋费劲苦心"偷"学程派戏。

新艳秋为了在舞台上站住脚，尽快成名，不惜与程砚秋唱对台戏，并打出"程派"旗号。她自知这样做"不尊敬程先生"，也深知"我为了唱戏成名，对不起程先生"。可在当时社会背景下，她为了生计，已顾不上这些，况且她对程派戏已经到了痴迷的程度。她自己也承认"程派艺术有如一块巨大的磁石，紧紧地吸住了我这个河北梆子演员，暗暗立志，我要学程派，不唱梆子唱京剧"。

齐如山看了新艳秋的《贺后骂殿》，认为她是可塑之才，对她说："我介绍你拜程砚秋为师，实授实学，你的前程是远大的。"并建议改名"新艳秋"，当时程砚秋仍沿袭之前的名字"程艳秋"。新艳秋听了喜不自胜，这是自己多年梦寐以求的事。岂料好事多磨，程砚秋并未接受齐如山的建议，原因是自己与新艳秋年龄相仿，况且外面早有他收女徒弟的流言蜚语，所以发誓不收女徒。为了自己将来能站稳舞台，新艳秋只好选择"对不起程先生"了。

新艳秋学程派戏近乎到痴迷程度，程先生既然不肯收她，她就自己苦练，拜王瑶卿为师陆续学了《缇索救父》《玉堂春》《贺后骂殿》

《红拂传》等。1929年11月1日，天津《大公报》刊载《新艳秋之〈红拂传〉》，文曰："《红拂传》一剧，为名伶程艳秋独有之杰作。……新艳秋学程得名，亦排此剧，前曾在平露演，极受欢迎。现又由乃师瑶卿授以新腔佳句，较前当更出色，所有各场穿插剧情、词句，与程伶所演完全相同。"事实亦如此，当唱到"随风若柳垂金线，灵和殿里学三眠"一句，"三眠"两个字新艳秋唱的妙极，"三"字拖了一板然后唱"眠"，准确表达了红拂在杨素府中深宫索闭，久居生厌的情绪，很好地突出了程派若隐若现的演唱风格。王瑶卿是程砚秋的老师，对程派的戏、腔、表演很精通。新艳秋也拜王瑶卿为师，上演《红拂传》，且与程砚秋"所演完全相同"是必然的。一方面她"偷"艺认真，另一方面王老师授艺透彻。新艳秋学的程派戏是中规中矩、亦步亦趋，像她演唱的［二黄慢板］，在发音吐字的方式和力度上，及行腔过程中特别是偷换气的关口、轻重把握的时机，与伴奏者的严丝合缝配合，完全体现了一代名伶力求真实、严守师规的风范。

  1954年，新艳秋与程砚秋在上海相遇，事过多年，程砚秋尽弃前嫌，约她次日到自己下榻的国际饭店，说要教她中期佳剧，将程派艺术传授给她。新艳秋激动得热泪盈眶，可因有演出任务，她需次日离开上海。没想到这迟到的受邀传艺，新艳秋并未等到，上海一别，竟成为诀别。1983年，程砚秋逝世25周年纪念演出，73岁高龄的新艳秋拜见了程夫人。"你就是我们程门弟子"，程夫人此话一出旋即令新艳秋潸然泪下。

苦心学程　偷艺成名——新艳秋 - 159

《汾河湾》新艳秋饰柳迎春

谦抑谨慎　金嗓铜锤——王泉奎

王泉奎是一位活跃于二十世纪五十至七十年代，卓有成就、声名显赫的京剧铜锤花脸。十六岁拜张春芳为师学习铜锤花脸，继承了郎德山、穆凤山、金秀山的花脸艺术，于1929年搭杨小楼班社入行登台。王泉奎天赋极佳，唱功精亮，有"金嗓子铜锤"之誉，与赵文奎、娄振奎并称"铜锤三奎"。

王泉奎出道时正值花脸行当人才匮乏，所谓"十七年断门"，也就是这些年没有出来一个好的花脸演员。一次，谭富英在吉祥戏院贴演全部《龙凤阁》（即《大·探·二》），与王泉奎、王幼卿联袂上演，一时间九城轰动，万众争睹。戏中的徐彦昭由王泉奎一人到底的演法，是其首创，独擅胜场。从此，"铜锤连唱三折"之风盛起，开创了这出传世佳作演出的新形式。同时，王泉奎还对服装、道具进行了改革。像徐彦昭用的铜锤原来只是一个形，经过改造做了一个金色锤头，攀龙漆金锤把，在锤下系上两个黄绸彩球。侯帽也改成先涂金挂穗子，后加大两片，再镶以点翠的图案，显得大气精美。之后又制了几身绣金蟒，从而使这个定国公的形象更加丰满威武。

1944年6月1日，王泉奎参加上海市民众献机运动筹款的义务戏演出，与杨宝森、李玉芝合作上演《二进宫》。1946年参加在天津中国大戏院举行的救济桂灾义演活动，展现了高尚的艺德。在四十年代，裘盛戎滞留上海，当演出缺少行头的时候，王泉奎将自己从头到脚的行头借给其用，打破了"同行是冤家"的传统观念。新中国成立后，王泉奎加入中国京剧院，将自己珍藏几十年的行头毫无保留地贡献给

《除三害》王泉奎饰周处、叶盛长饰王浚

了国家。王泉奎谦抑谨慎，忠于艺术，参加排演了多出新编历史剧和加工整理的优秀传统剧目，并且不分主配，甘当绿叶。他还以紧跟时代发展的政治热情，参加排演了《三让刀》《安源大罢工》《洪湖赤卫队》等现代剧目。1953年，随梅兰芳京剧团赴朝鲜慰问志愿军。王泉奎为人谦和，热爱劳动，在京剧院上班时经常打水扫地，不摆谱，没架子，与同志们打成一片。出国演出时，他抻面条、包饺子，让大家感受到家的温暖。王泉奎多次随国家艺术团出访欧洲演出，其中与言慧珠、沈金波合演的《二进宫》，深受欧洲观众欢迎。1958年，王泉奎听从组织安排由中国京剧院调入北京梅兰芳京剧团工作。七十年代，在拍摄京剧电影《斩黄袍》时，时逢王泉奎身体不适，但他还是坚持完成拍摄任务，认真的工作态度和良好的艺德修养得到了导演的好评。退休多年后，王泉奎还应邀到中国戏曲学院授课，为多名学生传授铜锤花脸演唱技艺和舞台经验，同时参加了多场名家教授的示范演出。

为传承京剧奉献一生——李万春

李万春四岁随父母迁居上海。不足五岁就开始随父亲练功学戏。六岁上学读书。李万春的戏路宽广，勇于革新，武生戏的长靠、短打、箭衣，无不出色，武松戏与黄天霸戏均有独到之处。关羽戏曾受教于林树森与李洪春，演来别具一格。猴戏亦颇擅长，刻画美猴王的神态，灵捷机智，不俗不野。

李万春在新中国成立前夕，抵制一切势力对他的利诱，闭门谢客，坚决留在大陆，并且带领全家老小亲自到大街上去欢迎解放军的到来。他坚决执行中国共产党的政策，衷心拥护中国共产党的领导。新中国成立后，他加倍地投身到京剧的演出和传播事业之中，积极推动京剧的发展。他和合作者们先是创建了首都实验京剧团，担任团长。在贯彻执行党的文艺方针时，他率领剧团的演职员和家属历经困难，来到内蒙古成立了新的剧团，继续为传播京剧做着贡献。

李万春几十年的艺术经验使他一直保持着一颗不断创新的心。在潜心研究武生表演的同时，他对脸谱、服饰、道具也有独到的见解，并且加以提高。

1979年，李万春回到了北京，他加大工作强度，决心为京剧的抢救和传承工作再立新功。他在患病的情况下，没有选择安逸生活，而是把时间排得满满的。在人生最后的一个月里，他原计划抢录二十多出戏，其中既有杨（小楼）派的名剧，又包括黄（月山）派的精髓。他对弟子和学生们说："有些戏多年不唱了，得让年轻人见见真事，不然怎么继承？"于是，他顶着"秋老虎"的酷热，很快录制完《火并王伦》中的"打洪数头""路劫杨志"；《恶虎村》中的"回庄"；《落马湖》中的"酒楼"等。人们见他体力不支劝他休息，他总是笑着摇摇头说："接着来。"由于过度劳累，李万春不得不住进医院。临终前，

《八大锤》李万春饰陆文龙

他对三弟李庆春说:"咱们的录像刚开了头,等我身上有点劲,先把《火并王伦》录完。"为了给京剧多留下一些宝贵的资料,他付出了全身的力!

斧钺不避——叶盛章

叶盛章艺工文武丑行当。先后在福清社、富连成坐科学艺。1925年开始在富连成科班显露头角，1927年便与叶盛兰等人一起，被称为富连成的"台柱子"。为名武丑王长林所赏识，遂将《打瓜园》《庆顶珠》《巧连环》《祥梅寺》《跑驴子》等戏传授。萧长华将《梅玉配》之医生、《胭脂宝褶》之金祥瑞、《龙凤配》之荀阴阳、《秦淮河》之张旺、《连升店》之店家教授之。后从名武丑沈文成学《雁翎甲》；从王连平学《黑狼山》；从昆曲大家曹心泉学《安天会》之孙悟空，开武丑未有之先例。叶盛章念白爽利，武打干净，文武昆乱无所不精，在艺术上敢于革新创造，突破行当的限制排演了《徐良出世》《酒丐》《智化盗冠》等新编剧目，形成了自己的艺术风格，1943年自组金升社，成为京剧史上"丑行挑班第一人"。

叶盛章为人耿直，一身正气。其在抗战期间曾多次教训日本人。有一天，叶盛章陪着姐姐、表姐到中山公园游玩，突然遇到几个日本浪人，他们看到姐姐、表姐长得漂亮，端起相机照相，叶盛章进行阻止。日本浪人不但不听反而朝他的姐姐们走去。叶盛章再次阻挡，日本浪人恼羞成怒想要殴打叶盛章。叶盛章挥动拳头，吓得日本浪人撒腿就跑。

叶盛章有一颗抗战杀敌的心，可一直没有机会。他感慨，如果有军队要他,他不会管自己在戏台上如何功成名就,宁可不唱戏,也要去战场上浴血搏杀,使出我这浑身武艺,狠狠地揍日本鬼子。由此可见叶盛章"士可杀不可辱"的英雄气概和强烈的民族自尊心。

1947年,叶盛章当选北平国剧公会会长。1948年,北平解放前夕,梨园界人心浮动,叶盛章挽留多位京剧演员。新中国成立后,叶盛章与李少春、袁世海等人参加了新中国实验剧团;1951年,转入中国戏曲研究院京剧实验团工作,担任三团副团长;1955年,担任中国京剧院三团副团长。在中国京剧院期间,他排演过不少新戏,如《程咬金招亲》《东方朔偷桃》《安源大罢工》《洪湖赤卫队》等。

在叶盛章生命的最后几年里,他走上了一条与他父亲同样的道路,将眼光投向了下一代,将希望寄予了继承者。1960年,叶盛章告别舞台来到北京市戏曲学校任教,培养了大批优秀学员,把余生的精力毫

《秋江》叶盛章饰艄公、黄玉华饰陈妙常

无保留地投入到培养后人上。这也是叶盛章从富连成、从其父辈身上继承而来的一种精神、一种品格。

叶盛章是武丑行当中承前启后的杰出人物。他精湛的技艺和炽热的爱国情怀，为广大热爱京剧艺术的人们所铭记。

清醒与通透——李盛藻

　　李盛藻自幼好学,八岁入富连成科班习老生。随萧长华、蔡荣贵、雷喜福、王喜秀、王连平学艺,后又向高庆奎学习高派老生戏,并私淑马派。出科后,仍留科班效力。1935 年,李盛藻与陈盛荪、杨盛春、刘盛莲等师兄弟赴上海演出,声誉鹊起。后组文杏社演出于京、津、沪。他嗓音高亮,身段优美。其幼工扎实,唱做俱佳,表演洒脱自然,为高派艺术主要传人之一,亦具马派风格。1953 年,他加入中国京剧团,以演"三国戏"著称;1956 年,移植排演了《十五贯》,还重排了《打督邮》《借赵云》等戏;1960 年,奉调北京市戏曲学校任教;1979 年又在中国戏曲学院兼课。曾经在荣春社做教师。80 年代后,曾以七十高龄主演《龙凤呈祥》,饰演鲁肃,风姿不减。

　　李盛藻的艺术造诣,在京剧界是有口皆碑的。我们常常看到很多年少成名的人出现高开低走的情况,其结局往往是迷失和惆然。而李盛藻却是越活越通透,有着对自我的清晰判断和坦然接受。

　　当谈到当年离开富连成到上海演出一事时,李盛藻有着历经沧海的坦然与自省。1934 年,李盛藻在出科留任 5 年后怀着对上海的渴望,带着师兄们离开了富连成,到上海后名声鹊起。有人说因为他的离开导致其师父叶春善一病不起、撒手人寰,让富连成有了大厦将倾之势!数十年后他坦然地说:"我是应该反省的,怪我年轻好胜。一门心思想到上海，戏份能从九毛钱涨到三千大洋，一下子就跟挑班的大角拿一样的戏份了，我就忘乎所以了。问题不是因为我要离开科班，科班早晚要离开，更何况我已经效力了，主要是当时师父正在生病，我选的时间很不合适，很对不起师父。我知道师父很生气，我想到师父家中说明我的心意，把当时接到的三千块大洋都给师父送去，可是我拿着钱在师父家门前转了好长时间也没敢进去，等我从上海回来，师父就过世了，我为此深感内疚。师父对我胜过了他的亲生，而我没能够给他尽孝。你们知道过去的科班，没有不挨打的，你就是班主的儿子也逃不出这个打通堂，而我是唯一的例外。不但没有挨过打，而且行动自由。我可以随便到外面观摩，（袁）世海和（裘）盛戎整天缠着我，要我带他们出去看戏，因为我要带他们去看戏，没有人敢说他们，如果他们自己偷着去，回来准挨打。我在科班吃小灶，想演什么戏，想叫谁给我配戏，都是我说了算，这都是叶春善社长的特殊关照。而我却在他卧病之际，富连成又由我挑大梁时去了上海，尽管唱得红得发紫，我却引为终身憾事。"

这话中的清醒在于事分两头，拎得清。去上海本质上没问题，在上海大红大紫是必然的，于演员来说，夫复何求。但错在时机不合适。

这话中的通透在于，李盛藻直面了自己的遗憾，并且接受它！能说出来的遗憾，往往已经和自己和解。他与自己的和解在于不忘萧长华先生的教诲，从不拜名人为师；为使学生转益多师，他学习萧老，也从不收徒。无论谁登门求教，谁来录音录像，他从不讲价钱，且有教无类。他的和解还在于笑对小报上骂他"非驴非马"的事情。他清楚自己的艺术追求和艺术原则——演戏不演流派，绝不拿原则做交易。

《青梅煮酒论英雄》李盛藻饰刘备、袁世海饰曹操

足智多谋——章遏云

章遏云别署珠尘馆主。幼年家贫,十二岁随母到天津拜江顺仙、王庾生为师学戏,十四岁登台,十六岁入王瑶卿门下,被王瑶卿誉为"女伶中的梅兰芳"。她嗓音甜润响亮,韵味极佳,能戏颇多,初搭雪艳琴班,后自行组班。梅派的《霸王别姬》、程派的《碧玉簪》《荒山泪》、王派的《福寿镜》等她都很擅长。她还多才多艺,曾在《群英会》中反串鲁肃。从不与女演员配戏的程继先竟破例与其合作演出。程继先向其传授了周瑜戏,她亦曾登场反串演出。她还向朱素云学了《辕门射戟》,亦曾在《八蜡庙》戏中反串黄天霸。在20世纪30年代与新艳秋、金友琴、胡碧兰合称为"四大坤旦"。1958年后定居台湾,在大鹏剧校任教。

她先学梅、后宗程。由于迷恋程派,三番五次的托人说情,想要拜程砚秋为师,却因程砚秋一生不收女弟子而遭到谢绝。彼时,程砚秋赴欧洲考察,剧团面临生计问题,章遏云看准时机,以双倍高价聘请了程砚秋的琴师穆铁芬操琴。这一招可谓是智取,穆铁芬与程砚秋长年合作,对程砚秋的戏码和演唱技法了如指掌,再加上章遏云的聪明勤奋,因此她一学就成,将程派的戏学了个遍。她更是得穆铁芬相助,将程派唱腔重新整理,根据自身条件和戏情需要,相互学习和运作改革了不少唱腔。

当章遏云成婚后,没有安于现状,不愿过"深闺重锁,侯门似海"金丝雀般生活的她在亲朋好友的帮助下,借故乘车逃至兆丰路著名大律师李景光事务所门前呼救,而跟随其后的一行打手则举枪恫吓紧逼于她,上演了一幕人间悲喜剧。此事当年闹得沸沸扬扬,最终以法院

《棋盘山》章遏云饰窦仙童

调解离婚为大结局。章遏云敢爱敢恨，拿得起放得下的个性再一次展露无遗。

1937年3月14日、15日，在天津春和戏院章遏云参加了抗日义演，上演《仕林祭塔》《园林幽怨》，所得的全部款项捐献给了上海第十九路军抗日将士。

正是因为她的个性青莲在水而出泥不染，性格豪爽，能明大义，才做出在黑暗笼罩的上海智慧抗日的事来。1938年的上海沦陷于日本人的魔爪。万墨林奉杜月笙之命在上海接济游击队的粮食，就是将章遏云的屋子作为秘密交接点。章遏云明面上装作不知此事，实际上在暗处为游击队的粮食交接提供各种帮助。一直到万墨林被日寇逮捕，日军才怀疑上了章遏云，决定秘密监视她。章遏云借助自己的名气、尚好的社交人脉，好几次在紧要关头化险为夷，在她的机智周旋下，躲过一劫。

强调品位的丑角——孙盛武

孙盛武刚刚五岁就与兄长加入了富连成科班。萧长华见他将科班当家，学戏、唱戏非常认真，对唱词和表演是博闻强识、稳健熟练，收他为义子，并倾囊相授。孙盛武没有辜负萧长华的厚望，在业内得到很好的评价，尤其是新中国成立后的丑行代表人物首推孙盛武。

孙盛武在表演时从不随意的插科打诨，向来是强调品位。他的艺术追求一是对待演出要起到辅助、衬托作用，既不能没戏，也不能抢戏，更不能喧宾夺主，决不可哗众取宠。他深知绿叶再难演，也要映衬红花之妙。二是对萧（长华）派艺术的发展，萧长华的表演庄谐适度、雅俗共赏，诙谐含蓄之中风趣脱俗，耐人寻味。

孙盛武在表演中传承了萧派的艺术格调，在教学中要求他的学生，"唱丑行的不会'攮业'不成，但是'以攮为业'更不成。"他常说的这句话道出了丑行最忌讳的"脏、贫、俗、厌"，要恰如其分的逗哏打趣，过而生厌。务须做到"净"，这个字说着容易，做起来实在是难。关于"净"，他要求，演员扮起戏来要干净，不可拖泥带水，造型要于美中见台风、出精神。表演中要干净，台上不许哗众取宠，讨廉价的笑声，要"少吃多滋味"以求效果。身段要干净，凡是动作、步法、手势，需洗练，忌琐碎。嘴里要干净，力戒庸俗，有伤大雅之秽语必除之。在表演方面，孙盛武还要求做到"松、活、节、恰"，即自然松弛，圆活灵动，节制有度，适可而止，留有余地，恰如其分。以达到增之一分则嫌多，减之一分则不足，不游离于剧情，不悖谬于人物。

孙盛武在为人、做事上也是干干净净。他的心目中，丑角表演决不只是为了把观众逗笑，而是要让观者从笑声中受到一定的启迪，引起深省，进而做到鄙薄丑恶奸邪，崇尚美善忠正。

1956年7月，由楚图南率领的中国艺术团到南美国家访问演出，不想归国途中飞机失事，10人罹难。可是不久之后，大家又接到了出国演出的任务，当时的很多人都心有余悸，心中不免直打退堂鼓。孙盛武深知我们对外文化艺术交流对国家具有重大的意义，便带头请缨参加，还与同行的李幼春互相鼓舞，见面拱手互称"活着的烈士"。他们虽身为艺人，但却有战士之心，对待慷慨前驱，有"醉卧沙场君莫笑"的豪情。

《赤壁之战》孙盛武饰蒋干、袁世海饰曹操

宝剑锋从磨砺出——李宗义

李宗义自幼酷爱京剧，经常参加票房活动。1936年，拜在王庚生门下刻苦学习。1939年，又跟随鲍吉祥学习，期间正式登上舞台。及至上世纪四十年代，李宗义与姜妙香等经常联袂演出，在上海闯出了不小名堂，后又和郑冰如等搭班，进一步夯实和拔高了其在京剧界的地位。李宗义的嗓音高亢清亮，苍劲挺拔，唱功了得，在热情豪迈的行腔里，又能实现对角色情感的精准把握。在钻研高派艺术的同时，根据本身嗓音条件，以演高派戏为主，兼余、马诸派之长，有所创新，形成自己的艺术风格。

李宗义凭个人默解，勤学苦练，朝夕钻研，诚心敬业。他模仿各派京剧名家之长，训练时反复揣摩、演出时一丝不苟，尤其在技巧方面必求程式完整、舞台交代清楚明晰。十六岁时的一场义务戏演出，李宗义表现出了才华出众之处，一条铁嗓钢喉一鸣惊人。十八岁时，李宗义到河北电影院工作，他利用每天上午影院不营业、舞台空着的机会练功、吊嗓，酷暑寒冬从不间断，扎扎实实地苦练了三年。

当时河北电影院在每周六、日加演京剧，李宗义积极参与其中，上演的剧目都是唱工重头戏。河北电影院车马盈门，座无虚席。这段时间的舞台实践，是李宗义艺术成长最有成效的时期。经过几年的舞台锻炼，李宗义在艺术上日臻成熟。

在他二十四岁时，正式组班赴北平演出。李宗义以其高亢挺拔、响遏行云的嗓音得到认可，站稳脚跟。此后，他带领剧团奔波济南、青岛、汉口、上海、南京、芜湖以及西安、天津等地演出，南北驰名。

抗日战争胜利后，国民党挑起内战，田汉写了一个新京剧《琵琶行》，虽然是历史题材，但具有反对蒋介石倒行逆施的现实意义。北平的进步人士马彦祥等决定演出这个剧本，并想通过这个戏对京剧做一次改革性的尝试。马彦祥知道李宗义对京剧改革有兴趣，便邀他参加排演《琵琶行》。这无异是在国民党统治区掀起一个"新平剧运动"。思想内容的新，必然要求表演形式的新，需要突破一系列旧的框框。当时北平戏曲界的保守势力根深蒂固，革新障碍重重，李宗义顶住各方压力，不怕得罪经励科，大胆尝试，将革新进行到底。经过两个月的排练，《琵琶行》在长安大戏院连演七天，受到观众的热烈欢迎。田汉从上海拍来电报，祝贺新京剧《琵琶行》演出成功。此后继续演过

《斩黄袍》李宗义饰赵匡胤、吴富友饰高怀德

多场。报纸上纷纷发表评论,以赞赏的口吻肯定这出戏具有的现实意义以及对京剧艺术的革新,推崇了李宗义等演出者的革新精神。

　　李宗义敢于尝试革新剧,用勤勉和聪慧磨砺出演技,用勇气和魄力革新出属于自己的未来。

超群绝伦　思想崇高——叶盛兰

叶盛兰艺工小生，叶派小生艺术的创始人。他有一条圆润宽厚、刚劲遒健的好嗓子，扮相英俊，表演细腻大方，龙、虎、凤三音结合有致。他的表演情真意切、惟妙惟肖，寓神情之真于声色之美，达至化境。一生能戏极多，文武昆乱不挡，叶盛兰的小生戏，在科班时，得到过张彩林、萧连芳、曹心泉、萧长华等优秀教师的传授，打下了坚实的基础，起点很高，而且，叶盛兰性格坚毅，练戏特别刻苦。叶盛兰的武小生戏特别得到他的姐夫茹富兰的悉心传授，叶盛兰向他学的《石秀探庄》《八大锤》《雅观楼》等戏，奠定了他以后成为文武全才艺术家的重要基础。叶盛兰拜程继仙为师后，又学到了《群英会》许多独特的表演。1945年夏，叶盛兰成立育华社，开创了京剧小生挑班的先例，先后演出了《周瑜》《吕奉先》《罗成》《十三太保》《水淹下邳》。他的雉尾生、武小生戏更取得突出成就，有"活周瑜""活吕布"之美誉。

叶盛兰是一位有崇高艺术思想的艺术家，他积极响应党和国家的号召，放弃自己作为挑班艺人每月近2000元的优厚收入，以满腔热情率先参加文化部戏曲改进局京剧实验一团并任团长（当时月薪800斤小米，仅折合60元）。抗美援朝时，他带头首批参加赴朝慰问演出，在前线为上甘岭的志愿军战士奉献拿手好戏《八大锤》。1955年，他参加了赴西欧进行文化交流的演出团,到访意大利、法国、比利时,面对利诱,叶盛兰坚决抵制斥责,捍卫了党和国家的尊严,为开拓新中国的外交,特别是弘扬中华文化和京剧艺术做出了重要贡献。他还与李少春、袁世海、杜近芳、张云溪、张春华创演了《白蛇传》《桃花扇》《柳荫记》《周仁献嫂》《九江口》等剧目。1957年,参加影片《群英会》的拍摄,留下了珍贵的音像资料。

《花灯记》叶盛兰饰清寂

叶盛兰在庆祝新中国成立10周年献礼的《赤壁之战》中饰演周瑜，在《西厢记》中饰演张君瑞。他上午与张君秋、杜近芳排练《西厢记》，下午与马连良、李少春等排演《赤壁之战》。两剧先后演出，"翎""扇"交替。由于紧张的排练和演出，他的嗓子出现失润。但他心系国庆活动，一直坚持着演出，用他的话说："欣逢十年大庆，我应尽绵薄之力，表寸草之心。"

叶盛兰尊师敬业、勤学苦练、宽厚待人，对待艺术高度负责，为京剧事业贡献出毕生的精力，为广大观众全身心奉献了一个"美"字。

遵循章法　开创先河——裘盛戎

裘盛戎是裘派花脸艺术创始人。1928年入富连成坐科，主要从父亲裘桂仙学戏，为裘盛戎后来的艺术发展打下了坚实基础。20世纪40年代后期挑班，裘盛戎能戏颇多，他所塑造的或文或武，或正或反，或古或今的人物形象都有突出的特点，在裘派艺术风格中，裘盛戎既遵循前人章法，又开创前人之先，有充分的形式美感，有鲜明的人物性格，有丰富的情感体验，有精湛的艺术手段，有高度精炼的艺术性，有扣人心弦的真实性，有柔韧细腻的阴柔之美，有刚健苍劲的阳刚之美，有厚重方正，有灵巧圆通。

裘盛戎是个不平凡的人，而他的不平凡，恰恰又表现于他的平凡。裘盛戎是个憨厚诚实之人，声名大了之后，他仍是个平易近人、和蔼可亲之人。他没有让那些狂傲油滑、盛气凌人的恶习侵蚀，而是用质朴无华的气质来规范熔铸自己的意态心神。生活中虚怀若谷，从不轻视生活在中下层的父老兄弟，淘粪工、清洁工都是他的座上客，哪个客人到家必然都拿出好烟待客。徒弟们不解，问师父为什么干嘛无论是谁都给好烟啊？裘盛戎说："来咱家的客人没等级，都是一个牌——中华牌！"裘盛戎不光对同行、亲友、熟人以诚相待，对于素不相识的路人也是热情似火，乘坐公共汽车时如果遇到有人不守秩序，乱挤一气，他会马上站出来说："同志们，别挤，先下后上。"遇到老年人上车会主动张罗着找座位，车到站时，又怕乘客会坐过站，还常常帮着售票员招呼乘客："到站了！到站了！琉璃厂到了！"有的乘客在车上打听路，他总是不厌其烦地解说，久而久之，连司机、售票员都认识他，打心眼里喜爱上了这个憨态可掬的名角。有时裘盛戎从家到剧场

《铡美案》裘盛戎饰包拯

去，刚出胡同口，公共汽车司机一眼就认出了他，破格停住车招呼上车，裘盛戎受到普通老百姓爱戴的程度可见一斑。在日常的生活中，裘盛戎是平凡的无以复加，而当大家一想到这个平凡人熠熠生辉的业绩时，又会立即意识到他真是一个不平凡的人。

新中国成立后，他常说："没有共产党就没有我裘盛戎的今天！"。裘派艺术在党的"百家争鸣，百花齐放"的方针指引下得到发扬光大，为了强强联合，他奔走于多位艺术家之间，积极促成北京京剧团成为当时实力最强的京剧院团。同时以极大的热情投入到改编创编之中，演出了大量传世之作，为花脸艺术留下了珍贵的财富。1952年，裘盛戎参加了第一届全国戏曲观摩演出大会，获得演员奖一等奖。1953年，裘盛戎作为慰问团成员来到朝鲜，为部队带去了精彩的表演。1969年初，裘盛戎随《杜鹃山》创作组去湘鄂赣体验生活，他兢兢业业，全力以赴，努力体验当年革命军民艰苦生活的感觉，尽心竭力地为乌豆设计唱腔，积累了宝贵的创作经验。

如果用一句话来概括裘盛戎，用当年他在天津第一工人文化宫演出结束后，一位观众用天津乡音说的那句话非常合适，那就是"裘老板，没说的！"

武将气度　直面人生——高盛麟

高盛麟艺工武生，宗法杨派，兼得黄派风范，兼习老生。祖父为清末名丑高四保、父亲是高派创始人高庆奎。艺术上又受到王鸿寿、周信芳、盖叫天影响，取精用宏。表演风格稳健凝练，武戏文唱，讲求神韵气度。

高盛麟的嗓音传承了父亲，每次演出他总是满宫满调。作为武生演员，他的靠功堪称一绝，四根靠旗穿在他的身上，潇洒自如就像是长在身上一般，无论有多难的动作，靠旗始终纹丝不乱。高盛麟的戏路非常宽，能戏甚多！杨派戏、黄派戏，还有自家的高派戏，他都演得标准。

20 世纪 50 年代，高盛麟得到了党组织的关爱和重视，一是让他担任武汉市京剧团副团长；二是帮助他改掉陋习；三是提升他的艺术水准。1954 年武汉突发洪水，他带领全团演职员为奋斗在抗洪一线的解放军进行慰问，他亲自跳入水中抢险，还被评为防汛一等功。

高盛麟是知名演员，可没有架子，总是低调做事、谦虚做人。外出演出，作为主演演出任务繁重，领导总让他坐小车，可他偏偏要与大家一起坐大巴，还与舞美队一道搬运道具布景。有时突发情况，他还要救场临时演出，打下手、演小猴子、做配角他都来过，但他从来无怨言。对同事、对观众，人们看到的总是一个笑容可掬的普通人。

有一年，高百岁演出《徐策跑城》，不料那天正在化妆的高百岁突然心脏病发作不能上台了，此时的高盛麟正在家中吃饭，来人说明情况，他急忙放下碗筷赶到剧场化装。因为他始终记得"救场如救火"。高盛麟饰演的徐策基本上是麒派的路子，但在扮相上是林树森的风格。观众看到了与众不同的表演艺术，为之振奋。晚上散戏后，他无声地换上经常穿的一身中山服，戴着工人帽，悄悄地走出后门，推上自行

《麒麟阁》高盛麟饰秦琼

车。热情的戏迷发现他时，高盛麟微笑地说："谢谢，谢谢！回见！"

改革开放后，高盛麟被中国戏曲学院聘为教授，照旧为了给摔伤的王金璐救场，自己放弃休假回到学校给学生们上课！甚至替换演出，海报也来不及重新更改，他也没有怨言。当第二天演出大幕拉开，观众发现是高盛麟时，都异常兴奋，站起来鼓掌欢呼。演出后他对此事只淡淡地说："这是观众可爱，他们懂戏，而且每个人的欣赏不同，他们是真正的顾曲家，我们要多给他们演好戏，才对得起他们花钱买票！"

千锤百炼　以身许党——袁世海

袁世海艺术成就非凡，是袁派花脸艺术的创始人。其舞台形象高大威猛，工架气势颇足，嗓音雄浑，唱腔吸收了铜锤花脸的发声方法，充分调动共鸣部位，念白讲究而有力度，台步规矩而豪放。1940年跟随郝寿臣学习，技艺日渐精进，全面掌握了郝派艺术，是该派的主要继承人之一。在后续的十多年舞台生涯中，曾先后和梅兰芳、程砚秋、尚小云等多位京剧名家搭班，合作剧目数量可观，不下三百出。通过和同行的搭班演出，袁世海兼容并蓄了多家之长，让个人技艺跨入了一个新的境界。在京剧舞台上，他善于塑造，向观众展示了一个个拥有鲜明性格特色的人物，在出色继承郝派艺术精髓的同时，他还基于个人特质及认知，创造了不少脍炙人口的剧目和颇为亮眼的角色，尤擅表现人的内心世界，借以突显其身份与性格。他曾在十多出剧目中饰演曹操并做了精彩演绎，赢得了观众的普遍认可，素有"活曹操"之称，开启了架子花脸担大纲、主演大型剧目的先河，在不断实践中逐步架构起了袁派花脸艺术。

1950年春，他对私人班社进行了大刀阔斧式的改制，成立了新中国实验京剧团，并出任副团长。其在编排新剧上颇有天赋，《血泪城》《云罗山》《将相和》等出自其手，颇具新时代气息。为了配合抗美援朝、保家卫国的宣传，袁世海参加了义演活动，创排了《虎符救赵》，反响强烈。中国京剧院成立后，袁世海任三团副团长，随团出访民主德国、日本、智利、阿根廷、巴西、瑞士等国家。1959 年，在中华人民共和国成立 10 周年大庆献礼的《九江口》中，袁世海又塑造了一个崭新的孤勇激愤、老辣沉毅、粗犷彪悍、老谋深算、富有斗争经验的北汉大元帅张定边的艺术形象。除运用架子花的表演特点外，还吸收了文武老生、武二花、旦角的表演技巧，特别是吸收了麒派老生的表演手法。《九江口》的创造，使架子花脸艺术实现了又一次飞跃。

袁世海一生都在力求上进。他积极响应党的号召，总是走在响应前沿。他是一位十分正直的人，也凭此在业内赢得了广泛美誉。为了推动京剧事业，他经常冲在最前线，工矿、农村、部队等分散各地的基层均曾出现过他的身影，在广大群众中颇受欢迎和爱戴。他爱戏如命，一丝不苟；爱好运动，常年保持着颇为理想的身心状态，即便迈入了耄耋之年仍不服老，发出了"老骥伏枥，志在千里"的呐喊，甚至主动登台，参与和帮助京剧传承抢救事业，高水平地做好了"音配像"等多项工作。袁世海曾不辞劳苦地赶赴各地高等学府，向有兴趣的大学生宣扬京剧艺术。

他向来重视传承，在培养青年演员上下足了功夫。身体力行，诲人不倦。在教授徒弟技艺时也真正做到了尽心、尽责、尽义务，虚名于他如浮云，在其一片赤诚之下，收获了累累硕果。

袁世海对京剧艺术的发展起到了承前启后、推陈出新、继往开来的重要作用，做出了杰出的贡献。

《盗御马》袁世海饰窦尔墩

"一代儒伶"的风骨——赵荣琛

赵荣琛幼时便常随母亲看戏,上中学时就是业余国剧研习社的文艺骨干。毕业后,他成立了大风剧社。1946年于上海拜入程砚秋门下并得到了名师的精心栽培。他苦心钻研程派唱腔,对其发音吐字、四声韵律等内容进行了深入研究,终达到了以腔传情之境,另外在表演、身段和水袖等方面也下足功夫,很好地传承了程派风采。赵荣琛嗓音清越高远,同时又能给人以沉郁凝重之感,其唱念注重对细节的把控,擅长营造凝重沉厚的气氛,其表演走大方路线,恬静之中透出淡雅,在出色继承程派精华的基础上,又有不俗创新。

赵荣琛被称为"儒伶",与乃师程砚秋的"义伶"呼应。他是一位温文尔雅的艺人,浑身上下散发着浓郁的书卷气,能写诗能著文,还能写一手漂亮的字,有学者之姿,极高的文化修养为其探索京剧提供了极大帮助。抗战胜利后,他毅然舍弃了重庆的优渥生活,选择异乡漂泊,只为随侍恩师程砚秋左右,以求深造。直至1948年他才在北平首次演出,凭借过硬本领赢得了顾曲家的认可,承认赵荣琛深得程砚秋真传,是优秀的程派继承人。在北平尚未解放之时,赵荣琛身份特殊,不乏离开的机会,好几次国民党把机票都为他准备好了,他却坚持不受,选择留在北平。新中国成立之后,赵荣琛受邀加入了东北京剧团,先后创编了《李师师》《花木兰》等脍炙人口的新戏。后来,他响应党和国家的号召积极筹建程派剧团。1960年初,在赵荣琛等人的不懈努力下剧团终于建成,为程派艺术在新中国的发展做出了十分重要的贡献。

《荒山泪》赵荣琛饰张慧珠

1981年，赵荣琛应邀赴美国，以客座教授身份到哈佛等多所名校巡回讲学，反响空前，还得到哈佛大学的认可，为其准备了博士提名。赵荣琛不辞辛劳，在美国各地积极奔走，讲课很有吸引力，很大一部分原因是他在师大附中求学时便打下了相当扎实的英文功底，在很大程度上解决了语言隔阂的问题。归国途中，受飞机误点影响，他不得不滞留台北一晚，并受到了台湾戏迷同行的热情款待，这反映了两岸一脉相承的深情，为两岸关系破冰做出了重要贡献。不久之后，赵荣琛再次赴美国，向当地华人传授京剧技艺，还应香港中文大学之邀就京剧艺术做了专门的学术报告，收获了非凡声誉。

德艺双馨的大武生——张世麟

张世麟八岁随父亲张德奎练功,十二岁时得师兄著名武生李兰亭教导。十四岁起便在东北、华北一带演出,均获好评。1948年参加东北文协平剧工作团,新中国成立后曾在哈尔滨市京剧团和东北戏曲研究院京剧实验剧团担任主演,1957年调入天津市京剧团,担任主演。

1994年9月18日,天津中国大戏院举办了一场轰动津城的演出,将剧场坐得满堂满员,连过道上都站满专程赶来的戏迷。这一天,厉慧良和张世麟合作演出《战宛城》,厉慧良饰演张绣,张世麟饰典韦。两位年近古稀的老人,配合得严丝合缝,珠联璧合。剧场里不时地爆发出热烈的掌声和叫好声。而此时,久病初愈的张世麟在台上精神抖擞,武功稳健利落。1995年9月28日、29日,中国大戏院举办了张世麟舞台生活65周年纪念演出活动,没想到竟成为张世麟舞台生涯的告别演出。

1996年初,他的病情加重,便抓紧时间向前来问艺的后学们传授技艺。武松是张世麟在舞台创作中最具个人特色的人物之一,张世麟向儿子幼麟传授他在《鸳鸯楼》《飞云浦》中饰演武松是如何展现技巧和要领的。他不想让这些费劲心血积累起来的艺术经验失传,他要好好传承下去。

视戏如命的张世麟早年艺途坎坷,但他凭借过人的毅力、坚强的意志硬是化被动为主力，顽强进取，坚持刻苦攻坚，终于练就了全身的硬功夫和真本事，从而形成了挺拔、刚劲、脆猛又多彩的艺术特色。他的单腿走"蹉步"、轻捷的"走边"等动作，独具特色，给观众以美的享受。即使年近花甲，他仍然每天练功，步行上班。路上他变换各种步法，走既是练，练既是走，在天津传为美谈。即使是病重期间，他也是穿着练功裤、厚底靴、手持大枪坚持练功。就是聊天中，他也是三句不离本行，因为他的生命早已和京剧融为一体。

《雁荡山》虽是集体创作，却由张世麟亲自编排，武打设计精致，角色展现丰满。张世麟对待艺术从来不讨价还价，他常说学武戏重在"练"字上下功夫，没有基本功不行。"把零碎都练齐了，攒戏那就好办了。"这是他时刻提醒青年演员要多练功时经常说的话。因为京剧界有句戏谚："一天不练手脚慢，两天不练丢一半，三天不练门外汉，四天不练瞪眼看。"他时常教导学生要学人家的长处才能进步。他对学生

《长坂坡》张世麟饰赵云、李砚萍饰糜夫人

这样讲，对自己也是这样要求。在台上，他做戏认真投入；在台下，他虚心待人。他坚守武戏之"道"，集长靠、短打于一身，塑造了无数个舞台经典形象。他为人耿直，忠于京剧艺术，心无旁骛，一生献给了京剧事业。

勤学苦练　玉汝于成——宋德珠

宋德珠考入中华戏曲专科学校第一期成为"德"字班学生，老师看他眉宇清秀，双目有神，动作敏捷干净，毯子功、把子功都很出色，是个武旦材料，就让他改为专攻武旦。他系统地学习了本行当技巧，对朱桂芳、余玉琴、阎岚秋、郭际湘、张善亭的艺术精华完全继承，通过多年的舞台实践，创立风格独特的表演，形成美、媚、脆、锐的特色。

宋德珠初学老生、小生，在校期间，他勤学苦练，不怕吃苦，过着一种"苦行僧"式的生活。每天早上5点钟起床，一直到深夜才休息，每天排满功课。比如练跷功，从早到晚把跷绑在脚上，晚上入睡时才能卸下来。那时学戏，最讲究苦练，天越热、越冷，练得越狠。他练"打出手"专门在大风天练，这样练时虽不好掌握，但练出来的功瓷实，演出时无论条件多差，舞台多小，都能适应。在这样日复一日的苦练下，宋德珠练就了一身技艺。在戏校，宋德珠先从阎岚秋、朱桂芳、张善庭等学习刀马旦、武旦戏，继从余玉琴、郭际湘、诸如香、王瑶卿学花旦、青衣戏，并曾向程砚秋、荀慧生、于连泉问艺。在校期间，他常为程砚秋配戏。当年他（饰小青）与程砚秋（饰白素贞）、俞振飞（饰许仙）同台演出的《断桥》，成为珠联璧合的梨园佳话。

宋德珠脱颖而出后，经观众投票与李世芳、张君秋、毛世来并称"四小名旦"。1939年，他组建颖光社，在北京、天津、上海等地演出，戏路宽广，尤以武旦、刀马旦戏轰动菊坛。

宋德珠的艺术融武旦、刀马旦精华于自身。他不但摒弃了武旦就是武行贴片子的陈旧观念，积极提倡在技艺中见行当，在行当中见角色的艺术理念，并身体力行。同时他还发现社会上对审美的新趋势以

《小放牛》宋德珠饰村姑

及新需求。他对当时的潮流能择善而为，敢于探索进取，最终创造出极富魅力的宋派。正是由于他守正创新，锐意进取，力求将传统功法技艺拓新，将各个行当程式融合，将人物内心结合演戏境界自觉提升，对后世的武旦行当产生了深远影响，武旦演员迄今无不受到宋派的滋养和浸润。

宋德珠性情刚正，意志坚强。他爱戏成痴，把一生投入到戏曲事业中。即使在临终前，他还在病床上为弟子讲述表演经验，真正实现了他平常说的"我来的时候什么都没有，走的时候什么也不带走"，体现了一位正直艺术家的思想境界和高尚品德。

武生翘楚　桃李芬芳——王金璐

　　王金璐十一岁时入中华戏曲专科学校，初从陈少武、王荣山、蔡荣贵、高庆奎等学老生，十四岁拜马连良为师，十五岁后从丁永利、李洪春、曹玺彦、迟月亭、诸连顺等学武生和红生，其所擅演的长靠戏、短打戏有三百余出，造诣较高，宗杨（小楼）派和黄（月山）派。王金璐青年时嗓音高亢洪亮，武功功底坚实，特别是腿功尤为突出，表演重视深刻细腻的内心，务求神似。王金璐的表演既从马派表演中摄取营养，又吸收了麒派的演技以刻画人物，身段飘逸，台风稳健，寓文于武，别具一格。

　　1947年，与中华戏曲专科学校的同学组织了校友剧团。后在北京、上海等地演出。新中国成立后，任华东京剧实验剧团、上海京剧院演员，中国戏曲学院教师。1951年，参加上海市文艺界抗美援朝大型义演活动。1956年参加上海京剧院访苏演出团，荣获了"白俄罗斯最高荣誉奖"。

　　1979年中国戏曲学院成立，王金璐是第一代教授。之后还担任中国京剧优秀青年演员研究生班导师。年逾九旬时仍每天坚持练功，并课徒授业、示范演出，这在京剧史上是绝无仅有的。他从23岁开始收徒，所授学生众多，问艺求教者不计其数。他家的地砖都被徒弟们练功踩碎了。

《夜奔》王金璐饰林冲

王金璐将 80 多年的艺术经验贡献给了京剧，教出的学生许多成了当代戏曲界的顶梁柱。但在生活上，王金璐是很简单的人。60 多岁给学生们上课，也不用别人开车接，搭根拐杖坐着公交车就到了。王金璐为人豁达，心胸开阔，但对待艺术、对待教学都是严格要求，对自己更是如此。参加录制京剧"晚霞工程"时，王金璐已经 78 岁了。他要演的是《恶虎村》和《潞安州》，其中《潞安州》里有一个"抢背"的动作。大家都说别做这个了，让徒弟扮上做替身。王金璐坚决不同意："老叫人替我还唱什么戏。我是唱武生的，就得豁出去！"

　　王金璐非常热心社会公益，无论多大年纪都要积极参与相关活动。在梅兰芳大剧院举行的赈灾活动中，他以 89 岁高龄亲自披挂上阵参加演出，彩唱了拿手好戏《八蜡庙》中的"走边"一折，这不仅在中国戏曲史上，恐怕在世界舞台上也算是个奇迹。他曾说："只要社会需要，我随时愿意奉献自己的微薄之力！戏曲界一直有唱义务戏的传统，谁遇上难事了，哪个地方有灾了，艺人就要挺身而出尽一份力！"

　　王金璐一生痴迷京剧，在他的心中，京剧不仅是安身立命的手段，更是融入他生命和灵魂的诉求。幼年学艺艰苦备尝，粉墨沉浮荣辱参半，但是支持他毕生以此为追求和归宿的，是发自内心对京剧艺术的热爱和珍重。他奋斗的一生、淡泊的一生、无悔的一生，铺就了他的成功之路。

梅门弟子第一人——言慧珠

言慧珠艺工旦行。师从琴师徐兰沅,并跟朱桂芳学习身段和把子功,跟阎岚秋学武旦和刀马旦。十二岁从姜顺仙、程玉菁等学艺。1935年登台初演《扈家庄》,后在上海、天津演出。1940年,言慧珠组班挂头牌,一时轰动菊坛。1943年,在上海拜梅兰芳为师,得梅兰芳实授真传。她扮相艳丽、嗓音宽亮,文武兼擅,创造性地继承梅派,开拓了梅派表演领域。她拥有令人叹服的身段、天籁一般的嗓音、与众不同的现代艺术气质,在某种程度上引领了当时京剧旦角的形象,使其更趋时尚,曾被广大观众和媒体评为"平剧皇后"。

言慧珠对梅兰芳毕恭毕敬,时刻以师礼相待,随侍左右,缔结了传统梨园领域又一段师徒情深意厚的佳话。梅兰芳喜食豆汁,然而他久居上海,每每提及北京小食,均会发出求之不得的感慨。言慧珠记在心头,赴上海途中特地到北京购置了数大瓶上佳的豆汁。抗战胜利后,梅兰芳复出登台时已然大红的言慧珠每场必到,有时自己刚演出完,就连忙赶去看梅兰芳的演出,像个初学者,求索不止。言慧珠执着的追求,终深获梅兰芳赞赏,倾囊相授。言慧珠也在钻研的基础上,准确地掌握了梅派唱腔的特点,并结合自身的嗓音条件,加以发挥,从而唱得珠圆玉润、神满气足,形成了自己的艺术特色。

1949年上海解放,言慧珠兴冲冲地赶到南京路,加入到了扭秧歌的群众队伍中,欢迎得胜后的解放军入沪。1950年言慧珠义不容辞地参加了上海文艺界发起的捐献大炮飞机的义演活动。1953年,尽管她已经成为私营剧团的班主,然而依旧心系政府和人民,积极响应国家号召随团入朝,为浴血奋战的志愿军将士们奉上了为期六十多天的慰问演出。1954年返回上海后,她充分发挥自身的编、导、演才能,创

《扈家庄》言慧珠饰扈三娘

编了在朝鲜颇有知名度的古典剧目《春香传》，并选择在人民大舞台公演，效果空前。1956年，言慧珠加入上海京剧院。1957年，言慧珠调至上海市戏曲学校任副校长。在此期间，他精心培养了一大批京昆名家。1958年，言慧珠参加了文化部组织的中国艺术代表团，在欧洲七国不辞辛苦地演绎《百花赠剑》，竟达到八十多场，演出之余还坚持写日记，总结得失。访问欧洲各国长达半年之久，她尽心尽力，没人不佩服。1959年与俞振飞合作排演了国庆十周年献礼剧目《墙头马上》。1961年，言慧珠作为艺术指导参加了以上海青年京昆剧团为基础组成的上海青年京剧团赴香港访问演出，获得极大成功。1964年以后大兴现代戏，言慧珠出演了《芦荡火种》，并特意排演了反映抗美援朝战争的现代戏《松骨峰》。

新中国的文化使节——张云溪

张云溪的武功深厚,尤以短打武生戏见长,表演中擅于结合人物化用程式,熔武术技巧于开打之中,套路时有新意,无重复感。

1951年,张云溪和张春华精心排演的新《三岔口》,在柏林举办的第三届世界青年与学生和平友谊联欢节上,获得了一等奖,这是新中国成立后,京剧演员首次亮相在国际舞台。这出戏也是张云溪和张春华在继承基础之上的再创作、再发展,使老戏焕发了新颜,使艺术跟上了时代,使技艺得到了丰富,使观众得到了赏悦。出发前,院领导在动员大会上说明,此次参加第三届世界青年联欢节是一个光荣的、艰巨的任务。张云溪和他的同事们都知道,这次出国演出是为了祖国的荣光,是为了京剧的荣耀。大家都鼓足勇气,以饱满的热情来完成这次光荣而艰巨的使命。在演出过程中,他们的表演受到很大的欢迎,荣耀也是最高的。为新中国的外交事业交上了一份满意的答卷。此后的张云溪和他的同事们继续到波兰等国进行为期两个多月的访问演出。成为新中国的文化使节,张云溪的艺术视野拓宽了,政治觉悟也提高了,有了真正的文化归属感。张云溪在今后的几十年演剧生涯中,完全走的是一条继承、创新、发展之路,丰富提升了京剧武生的表演艺术。

新中国的成立,让张云溪有种使不完的劲,尤其是加入国家院团之后,虽然在个人收入方面有所减少,但在社会地位方面有了很大的提高，在艺术方面有了更高的成就。只有在新中国，艺人们才能感受到被尊重，并代表中国青年和中国艺术走上世界舞台，这些都让张云溪真正沉浸在幸福中。

《凤凰二乔》张云溪饰孙策、高玉倩饰乔靓

张云溪在教学之中，也完全是遵循着因材施教、守正创新之规。他诚恳地向京剧界同仁呼吁："我们应该虚心地向新艺术和民间艺术学习，以新的血液来充实和发展我们的京剧，使我们的京剧获得新的生命，更好地反映现实，更好地发挥爱国主义的教育作用！"

德艺双馨的全才艺术家——李少春

李少春出身梨园之家，工武生、老生、文武老生，创立了独特的表演艺术。幼年在永胜和梆子班坐科，二十三岁起改学京剧。曾在天津挑班演出，擅老生及武生戏。他研习杨（小楼）派和余（叔岩）派的神髓，并在此基础上，通过透彻娴熟的舞台实践，真正掌握了两个流派的传神之处。后来他又创排了一系列新编剧目，在"四功五法"上得心应手。李少春的嗓音圆润，扮相秀美，唱腔醇正，身段潇洒，表演饱满，赋有激情。

新中国成立不久，抗美援朝战争爆发，此时以李少春、袁世海等为主演的北京实验京剧团正在哈尔滨演出，大家商量好一起参加全国人民捐献飞机、大炮的活动。这样，北京实验京剧团与哈尔滨京剧团共同举办一场演出，将全部收入捐献，支援抗美援朝。义演的海报刚刚贴出，戏票很快就售罄。李少春饰演《哭灵牌》中的刘备，演唱余派韵味醇厚，舒畅含蓄；之后的《连营寨》李少春改装饰演赵云，一出场又全是杨派的风格，把气宇轩昂，八面威风的赵云，表演得活灵活现。

1958年，李少春在中国京剧院创演的《白毛女》中饰演杨白劳。这个形象在剧中虽然只有三场戏，但分量很重。全剧的前半部主要表现杨白劳的悲惨命运，他的含恨而死是喜儿悲惨人生的开始，对全剧的发展起决定性作用。对于李少春来说这是第一次演出现代戏，他对杨白劳从性格、表情和内心变化等方面认真剖析，又结合他生活中对各种人的观察和对京剧传统表演程式的掌握和运用，进行大胆的创新，成功地塑造了这位善良、忠厚、受尽压榨的苦难农民形象，观众感到真实自然。

《八大锤》李少春饰陆文龙

李少春通过演出现代戏，为京剧表现现实生活中的人物铺就了一条大道。其后，他又在现代戏《红灯记》中饰演了李玉和，舞台形象激昂慷慨，气势夺人，为后来的再创作打下了很好的基础，在艺术上提供了范本。

　　李少春对现代戏剧目的选择，有他自己的理解。首先他懂得作为艺术工作者，对社会富有责任。其次，剧目要表达出一定的教育意义，因为现代戏所表现的完全是生活中的英雄人物和对社会有贡献的人。最后，他对现代人物的表演都是通过体验和表现结合的方式，调动传统程式来为其服务。

艺精德劭　勇于创新——李金泉

李金泉十三岁凭借出色成绩考入中华戏曲专科学校，刚开始学老生，后主攻老旦，接受过孙甫亭等多位名师的悉心培育，年轻时打下了扎实的基本功。1942年，拜李多奎为师，得到其真传，为继承、发展老旦艺术打下了坚实的基础。他曾先后搭档过马连良、梅兰芳及杨宝森等多位京剧名家。在不断总结实践经验的基础上，李金泉充分利用个人嗓音条件，形成了别具一格的发声方法，既高亮清冽，又不失圆润甜脆。李金泉喜好钻研音韵，也曾师从曹心泉系统研究过昆曲，使其唱腔颇具醇厚韵味，另外他还有着强烈的创新意识，在设计新腔方面也取得了不俗成绩。

李金泉加入中国京剧院后，为响应"百花齐放，推陈出新"方针，和同事精诚合作，在深入钻研中华优秀传统文化的基础上，尝试和现代理念进行有机融合，在包括唱腔音乐设计在内的多个领域均做出了杰出的贡献。在唱腔音乐设计上，李金泉在演出传统剧目过程中有机融入个人理解，完成了对《罢宴》等多出剧目的成功改编。在此类以老旦为核心的剧目中，李金泉如鱼得水，让个人才能得到了充分发挥。在他看来，老旦不仅要做到以情带唱，还应做到以唱抒情，要善于发掘剧情，找准角色定位，凸显角色情感。他对《李逵探母》进行了专门改编，提出了令人耳目一新的［反二六］唱腔，堪称老旦行一次十分大胆的革新。李金泉创造新腔时强调对情感的融入，淋漓尽致地展现了慈母对游子的舐犊之情。这段新腔有激越之情，有委婉之态，细腻中又融合了奔放，做到了刚柔并济，不负经典之名，在京剧发展史上也占有一席之地。李金泉的唱腔做到了声情并茂、引人入胜，无论是在吐字上还是在发音上又或是在气息等方面，均做到了精致考究。

《罢宴》李金泉饰乳娘、李世霖饰寇准

《穆桂英挂帅》中的佘太君，李金泉凭借寥寥唱段、字字珠玑的念白、声情并茂的演绎，发挥出十分的烘托效应，为整部剧的成功演出提供有力支撑。

李金泉实践经验十分丰富，且注重创新，在京剧老旦行当中开创了属于自己的艺术流派，在强调细腻委婉、清新俏丽的同时，还以激越醇厚、声情并茂见长，一些业内同仁和广大京剧爱好者将其称为"新李派"。伴随着艺术发展，李金泉始终不渝地做着传艺育人的教学工作。他因材施教、以德施教，以满腔热忱及高度的责任心和严格、细腻、精湛的作风培育后学，注重实际效果。

李金泉为人谦虚谨慎、正直憨厚，一生为京剧事业呕心沥血，尽心竭力，是一位杰出的表演艺术家、唱腔音乐设计家和京剧教育家。

君子歌处秋色浓——张君秋

张君秋专攻青衣,是京剧张派创始人。他自幼随母亲张秀琴在各地客串演出,十四岁时拜李凌枫为师。张君秋嗓音清脆嘹亮,饱满圆润,扮相有雍容华贵之气。在演唱上吸取了梅兰芳的"甜"、程砚秋的"婉"、尚小云的"坚"、荀慧生的"绵",合四大家之长,形成了张君秋所独具的俏丽清新、刚健委婉的演唱风格。其歌喉之佳,名列"四小名旦"之列。他的演唱吸收了其他行当及曲艺、歌曲的精华,在梅派的基础上,创造出大量新腔,形成了张派。

张君秋一生痴迷戏曲,潜心钻研,为京剧事业的发展做出了不可磨灭的贡献。他创立的张派艺术,影响深远。同时他在戏曲教育上颇下功夫,桃李满园。晚年他身先士卒,以身作则,以古稀之年投身于京剧"音配像"事业之中,不辞辛劳,为后学者留下了宝贵的资料。

张君秋的表演,集各家之所长,因此他的唱腔极具丰富性。他根据自己的条件,创造性地吸收。在演唱上,他注重以调节气息的方法控制声音的变化,高、低、轻、重,各类声音他都唱得完美自如,寓华丽于端庄,在典雅中见深沉。无论在唱法上、创新腔上,他都遵循着从人物出发,为抒发角色感情的需要这一原则。在《望江亭》中"我只说杨衙内又来搅乱,却原来竟是个翩翩的少年"的一段[南梆子]唱腔,张君秋在声音的控制上、旋律的变化上,都是紧紧地为表现谭记儿惊喜交加的心情以及对白中的爱慕之情这一内容服务的。因此,张君秋的演唱又具以声传情、声情并茂的特点。

张君秋学戏是学而不厌,教戏是诲人不倦。20世纪50年代至60年代,张君秋把全部精力都投入到艺术创作上去。他在北京京剧院和

《彩楼记》张君秋饰刘翠屏

中国戏曲学院任职期间，广收弟子，把毕生艺术经验传授给弟子和学生，是有教无类，奋力耕耘。

张君秋的一生始终是以戏为生，戏比天大，戏比命贵，艺无止境。对待艺术充满激情，不倦探索。古稀之年，依旧以饱满的热情投入到"音配像"工程中。他亲力亲为、事无巨细。他从听录音、看录像开始，直到选演员，邀请老艺术家指导、教戏，有时还要亲自上台为青年演员手把手地说戏、示范，是呕心沥血，鞠躬尽瘁。

张君秋以满腔的热忱，不倦探索地为观众提供真、善、美的精神营养。他为人率真，有布衣心肠，一生中多次参加义演。待人谦卑热诚，富有家国情怀，曾在抗美援朝战争期间赴朝慰问演出。他的人生底色鲜明温暖，主调高亢饱满，具有亲和力和无穷魅力。

勤学不辍 "北丁南言"——丁至云

丁至云自幼喜欢京剧,十余岁参加天津渔阳国剧社,经常票演于京津各地。后拜师梅兰芳,可谓青衣大旦,有"北丁南言"之美誉。

丁至云是票友出身,在其艺术历程中,坚定、执着、勤学不辍的追求精神,是其取得艺术成就的重要原因。纵观她演出的梅派戏按部就班,尽展梅派的亮丽光彩,有口皆碑。

1938年,丁至云为深造梅派艺术,向徐兰沅、王瑶卿请益,经常与谭富英、杨宝森、金少山、李多奎及名票王庚生、从鸿奎、包丹庭、朱作舟等合作演出。1948年,她终于得拜于梅兰芳大师门下。她爱梅、学梅、唱梅,一生追求梅派艺术,跟随梅兰芳塑造了一个个端庄大气、优美典雅的梅派青衣角色,令天津乃至全国的戏迷观众们痴迷。

1956年,天津市京剧团建团之初,阵容强大、行当齐全,由杨宝森、厉慧良任团长,丁至云任副团长,三人同时担任主演。

丁至云在舞台上光彩照人、雍容华贵,在艺术上追求完美、精益求精;但在生活上,却是简朴厚道、平易近人。她的做人原则是难得糊涂,所以人送绰号"糊涂二姐"。当年,天津市京剧团的演出走遍大江南北,演职人员经常在一起同吃同住,亲如兄弟姐妹。后来在丁至云百年诞辰的聚会上,与丁至云合作过的老艺术家和她的好友们,以情为纽带,动情说起与丁至云相交、相识、相知的点点滴滴。

八十八岁高龄的荀派艺术家王紫苓，在回忆丁至云练功、练身段的勤快刻苦和善于动脑时说道："她跟我说，咱得练功啊！身段不会没事，都可以练。她练下腰，又担心摔着，就在沙发上练。"

文武小生名家、戏曲导演贾真，回忆大家跑码头演出时，丁至云自掏腰包给所有人买东西。他说道："我们到了一个地方，她问我这有什么好吃的，我以为是她想吃，就说这里烧鸡不错，结果，她给所有

《坐宫》丁至云饰铁镜公主

人每人买了一只。一百多只烧鸡啊，她都自己掏腰包。等又到另一个地方，不知道有什么好吃的，干脆给大家一人买一盒罐头。"

李多奎的弟子何佩森，说起在生活非常困难的时候，丁至云依旧十分讲求礼节，用她自己精心挑选、制作的地瓜干和橘子酱招待大家。著名戏曲理论家、编剧刘连群，说起丁至云曾经为了研究艺术，把自己关在屋子里，几天几夜不出来……

京剧艺术正是在这样一代代的先贤前辈中不断传承、发展，高尚的品德修养，动人的美德事迹，正是这些无形的、无价的财富，不断滋养着戏曲艺术，也激励着后来者们继续向前。

桑榆未晚　只争朝夕——毛世来

毛世来七岁入富连成科班，先学小生、青衣、老生，后工花旦，兼演武旦。受业于萧长华、萧连芳、王连平，艺宗于连泉。后拜尚小云为师，同时师从梅兰芳、荀慧生等。他尊师敬友，刻苦练功，认真演戏，艺术造诣渐深，坐科时就在社会上有了一定影响。毛世来能戏甚多，功底好，戏路宽，嗓音清脆，扮相俊美，其表演的跷功极佳，以能唱擅做、文武兼备名噪一时。尤擅长演出花旦戏，泼辣虽不及于连泉，但玲珑娇小，动人妩媚，眉目间似尚小云之神，做工似荀慧生之形，享有"小筱翠花"之誉。他在长期的演出实践中，博闻强记，择善而从，在继承老师及前辈艺人传统艺术的同时，不断开发创造，其扑跌技艺和别具特色的跷功，以及玲珑娇巧、婀娜娴熟的艺术风格，堪称一绝。

1939年，在《立言报》效仿二十年代评选"四大名旦"的活动中，毛世来与李世芳、张君秋、宋德珠一起被评选为"四小名旦"。1949年组建和平京剧团。1958年，毛世来积极响应促进京剧事业全面均衡发展的号召，带领北京和平京剧团落户长春。经吉林省编委批准，正式成立吉林省京剧团，毛世来任团长，常年演出于长春的大众剧场和朝阳剧场，他既是团长又是挑梁演员，不但要全面规划建团初期的各项工作，同时还肩负着挑梁演出的任务。1958年末，为了配合反对美帝国主义军事威胁的宣传，毛世来带领吉林省京剧团全体演职人员创排了《梅河两岸》《红姊妹》，两个剧目在斯大林大街、长春公园、火车站等各处巡演，每演一处，群情激昂。在此期间，毛世来还曾率团深入工厂、学校以及吉林省内的吉林市、四平、敦化、延边等地慰问巡演，受到群众热烈欢迎。

《红梅阁》毛世来饰李慧娘

1959年,毛世来调至吉林省戏曲学校任副校长兼京剧教师,他决意把富连成教学经验融入戏校的教学中,将吉林省戏曲学校办成一个有名气、出人才的具有现代化戏曲教育体系的基地。热心培养后继人才,为吉林省京剧后备人才建设竭尽心力。除了给京剧科学生上课外,也为评剧、吉剧、赣剧等地方戏学员进行教学辅导,为吉林戏曲培养输送了大批人才。毛世来还带领戏校师生多次到蛟河、营城煤矿慰问演出,开阔了学生们的视野,满足了观众们的艺术享受。

1979年,已是六旬老人的毛世来,为使京剧这门艺术服务于人民,为四化建设出力,不顾年老体弱、疾病缠身,重返京剧教学第一线。在为学生教授《穆柯寨》时,因过度疲劳,突发脑血栓,导致偏瘫,但仍坚持坐在轮椅上为学生说戏,为吉林这片黑土地留下了宝贵的文化财富。他是开启吉林京剧院团及戏曲院校新篇章的一代表演艺术家,毛世来的事业功绩至今璀璨夺目、熠熠生辉。

刹那芳华　耀世伶影——李世芳

李世芳是梅兰芳的弟子,有"小梅兰芳"之称,京剧"四小名旦"之一。得梅兰芳和琴师王少卿的亲传,深得梅派神韵。在科班时,与毛世来均为"科里红",同时得到尚小云亲授《昆仑剑侠传》《娟娟》《金瓶女》等戏。李世芳除天赋条件好之外,又受到萧长华、萧连芳等师的教授,加之他习艺刻苦很快便红极一时。

1935年春,李世芳与袁世海首次在广和楼上演《霸王别姬》,此戏按梅派风格演出,因为李世芳的唱念和扮相颇有梅兰芳当年的神韵,获得成功。这次演出赢得各界人士的认可和喜爱,也奠定了李世芳今后的艺术方向,开始潜心研习梅派艺术。一年后,幸运降落到了李世芳的身上,有"伶王"美誉的梅兰芳从上海返回北京,当他听齐如山等人说起"小梅兰芳"的事,很是好奇。于是便和大家一道去剧场看了几出李世芳主演的梅派戏,看后露出很喜欢的心意。之后在众人的筹划下举办了收李世芳、毛世来等人为徒的仪式。如此,尚未出科只有十五岁的李世芳就顺顺利利地拜梅兰芳为师了。这在当时的富连成科班尚属首次。

此后,李世芳可谓一帆风顺。1937年,北京《立言画报》举办的"童伶选举"活动中,经过大家的评选,李世芳获"童伶主席"的称号;1940年,《立言画报》再次举办活动,意为评选出"四小名旦",

李世芳和张君秋、毛世来、宋德珠获得"四小名旦"殊荣。自此,李世芳开始以梅派传人的名义,挑班到各地献演。所演剧目《生死恨》《霸王别姬》《天女散花》《宇宙锋》等均为梅派代表作,李世芳从此声名鹊起。

《穆柯寨》 李世芳饰穆桂英

1946年冬，李世芳与李少春、袁世海、叶盛章、叶盛兰、叶盛长等合作，应上海天蟾舞台之邀演出，号称"十大头牌"，轰动一时。首场演出《霸王别姬》，李世芳饰演的虞姬获得极大的成功。此后，他又主演了新戏《天国女儿》，在上演前得知程砚秋也创演了一出同题材的戏，便主动拜访了程砚秋，来商议演出事宜，避免发生"撞车"。后来，梅兰芳接受了上海中国大戏院的邀请，在演出安排上梅兰芳有意推荐李世芳这个心爱的徒弟。在最后一场戏《金山寺》中，梅兰芳饰演白蛇，李世芳饰演青蛇，台上是姐妹，台下是师徒，演出异常精彩，超出往常发挥，一时成为美谈。

1947年春节前，李世芳乘坐的上海飞往北平的飞机中途坠毁，年轻的李世芳不幸遇难，梅派艺术失去了一位极佳的继承人。

李世芳短暂的人生，耀眼的伶人艺影，虽来去匆匆，却留下一段美好的记忆。

锲而不舍　博采兼收——童芷苓

童芷苓天赋绝佳，戏路颇宽，表演时往往能突破成规，精于演绎，能淋漓尽致地展现其饰演人物。其嗓音甜润异常，妩媚天成，唱腔做到了声里融情，就唱法观之，多见荀派所提倡的爽朗俏丽并将此作为基调，同时还因地制宜地糅合了梅派所主张的典雅华贵及程派所看重的含蓄委婉，豪放之中不失细腻，柔媚之中又能得窥端庄，让人耳目一新。童芷苓念白功力一流，情感到位，节奏松弛有度，表演上敢于创新，能活用传统技巧，用于刻画和展现人物性格，在舞台上塑造了一大批性格截然不同的女性形象。她凭借着个人的多才多艺在舞台上闯出了偌大名声。

有人评价她的艺术风格形成了"梅戏荀化""荀戏梅唱"的"童芷苓现象"。她对荀派名剧《游龙戏凤》《红娘》《金玉奴》等进行了加工整理和创新，在前人的基础上丰富了老戏的表演方法和内容。由于她具有电影、话剧表演的经验，所以对《四郎探母》《红娘》《王熙凤大闹宁国府》《武则天》等戏中的京白和韵白有所研究与创新，形成独特的韵味和风格。1956年，参加中国艺术团赴东欧演出。之后，童芷苓领衔京剧队的十七人先后赶赴兰州等地，为当地群众奉上了精彩演出，为京剧的发展与传播做出了卓越贡献。

1958年，童芷苓怀着饱满的政治热情和高度的艺术责任心，主动要求排演现代戏《赵一曼》。为了探索如何用京剧的传统程式、技艺表现现代人的思想感情,童芷苓与剧组同志们付出了艰辛的劳动,在京剧舞台上成功塑造了东北抗日女英雄赵一曼的光辉形象,并在齐齐哈尔首演,受到当地观众的广泛赞誉。1959年,童芷苓荣获"先进工作者"称号。

童芷苓对艺术精益求精,对名利却从不计较。平易近人,赤心相待。有一次从武汉演出返回上海时,只买到两张二等舱船票,本应是她与爱人使用的,但当她得知有两位老先生在三等舱时,便毫不犹豫地收拾好行李,搀着病重的老伴换到三等舱。尽管那两位老先生再三地推让,她还是真诚地让出舱位,和爱人在上下铺十几人一间的三等舱度过了行程。

《金玉奴》童芷苓饰金玉奴、俞振飞饰莫稽、刘斌昆饰金松

京剧界的"老革命"——李和曾

李和曾九岁时考入中华戏曲专科学校,以武生、刀马旦起步,曾和京剧名家程砚秋合作,为其配演娃娃生。后转学老生,由于天赋好,进步迅速,引起了高庆奎的注意,开始对其重点培养。1939年,他出科后不久,正式拜高庆奎为师,成为了高派的优秀继承人。李和曾频频现身北京、天津、上海、山东等地,尤擅《斩黄袍》《斩马谡》《辕门斩子》等剧目,并凭借上述剧目享誉南北。新中国成立后,他担任戏曲改进局京剧实验一团副团长。1961年,又拜周信芳为师,丰富了表演,得到了新的提高。

1946年李和曾加入民主平剧团,担任副团长。因此,他也被称为"京剧界的'老革命'"。1947年,民主平剧团在上级指派下赶赴石家庄演出,后和其他剧团完成合并,参入了延安平剧研究院,不久之后改名为华北平剧研究院,李和曾凭借过硬资历和能力出任副院长。此后,李和曾将更多精力投入到了戏曲改革事业中,"推陈出新"成了其工作重心,相继创编了《嵩山星火》《中山狼》《三打祝家庄》等多出反响颇佳的新戏,获得了当地居民的普遍认可。1949年3月,李和曾率团赶赴革命圣地西柏坡,倾情奉献了《哭秦庭》《空城计》《群英会》等戏,为党的七届二中全会献礼。新中国成立之初,李和曾多次亲赴条件较为恶劣的西北、西南做慰问演出,为边区军民奉上了一幕幕精彩演出，还曾冒着枪林弹雨深入抗美援朝前线，向最可爱的人送上了祖国和人民的慰问。那时还没有达成停火协议，前线时时充满着危险，李和曾甚至做好随时牺牲的思想准备。李和曾白天行军，晚上在阵地为战士们演出《打渔杀家》《逍遥津》等剧目，战士们非常兴奋，掌声不断。他多次参加中国文化代表团，先后到缅甸、印度、日本等国家进行访问演出。作为"老革命"，每到一地他都会带着本团的演职员祭拜烈士，为他们扫墓。

1991年华东水患牵动了亿万国人的心，为此中央电视台组织了一场大型赈灾晚会，此时已迈入古稀之年的李和曾由夫人李忆兰搀扶着在台上唱了一段《逍遥津》，依然满宫满调，得到满堂喝彩。别的演员都是便装清唱，他则化妆并穿上行头彩唱，演出途中，他的夫人出于健康方面的考量轻轻拉了一下他的袖子，暗示他可以结束了，李和曾

《将相和》李和曾饰蔺相如、景荣庆饰廉颇

才在夫人的小心搀扶下走下舞台,而在场观众也奉上了经久不息的掌声。这一幕令在场的观众十分动容。可以说,李和曾用他的一生,诠释了京剧界"老革命"的品格。

艺高德劭——李慧芳

李慧芳的嗓音清亮宽厚，扮相俊美，戏路极宽，能演四大名旦的戏，还能兼演老生、小生，形成特有的"杂家"风格。

1954年，李慧芳参加中国戏曲研究院京剧实验团。此时，她把为工农兵服务当成光荣的革命工作，并付之于极大的热情。李慧芳十分关心和体恤劳动人民，凡是为工农兵准备的演出，她向来是不讲条件也不计代价，热衷奉献，多次主动报名参与，深入乡下、工地、连队慰问演出。1960年，李慧芳转入梅兰芳京剧团工作。她可以亲身感受梅兰芳的言传身教，还能获得贾世珍、张蝶芬等名师的指点，功力日渐深厚。这些位陪同梅兰芳几十年的老搭档们的热情说戏，使李慧芳的艺术有了很大的提高。

李慧芳对传统戏的掌握驾轻就熟，二十世纪五十年代末期，她开始了新编剧目和现代戏的创作与演出，如由她担任主演的《洪湖赤卫队》，英雄人物的形象深得观众爱戴，在舞台上绽放出夺目的光彩。1976年，李慧芳演出《打渔杀家》，她和李宗义配合得娴熟默契，表演酣畅淋漓。1983年6月，李慧芳加入了中国共产党。1986年，李慧芳受温州解放剧院之邀演出，先赴偏远农村，然后进剧场连演多场，期间没有丝毫抱怨，艺德高尚，堪称楷模。1987年，退休在家的李慧芳也不曾闲着，担起了传承的重任，凡是培养京剧新人和团里的公益演出，她都积极参加。

1988年，李慧芳与妹妹李丽芳受邀为济南观众演出《四郎探母》。两人为节省剧团和当地的开支选择在一个房间中同住，完全不端名角架子，一时传为美谈。排练期间，两人严格守时，甚至大多时候都提

《洪湖赤卫队》李慧芳饰韩英

前到场，在姐妹二人的以身作则下，其他人也严格要求自己，使得排练工作一直能有序、高效推进。排练散场环节，两人每每都是躬身致谢，感谢全体演奏人员的辛勤付出。此时二人早已成名多时，然而谦逊本色依旧不改，这一点赢得了山东京剧团演职员们的普遍认可，对她们不禁肃然起敬。

李慧芳热爱戏曲，对于学生也呵护有加。她对专业演员和爱好者一视同仁，视学生如弟妹、如儿女，不惜心血、诲人不倦、倾囊相授。她的学生刘秀琴曾说："我的老师像慈母一样从艺术到生活给予我无私的帮助。"

李慧芳把一生献给了她所热爱的戏曲事业，她无私奉献的品格感染了无数人。在重病缠身的晚年，她曾瞒着亲人向有关部门递交了遗体捐献申请书。李慧芳在生命即将终结之际做出了重大决定，即将身故之躯捐献给有需要的人，可谓是"春蚕到死丝不断，留赠他人御风寒"。

下辈子，还做京剧演员——李玉茹

　　李玉茹工青衣、花旦，师承王瑶卿、梅兰芳、程砚秋等名家。1932年考入中华戏曲专科学校，在校时就崭露头角，与侯玉兰、李玉芝、白玉薇并称"四块玉"。毕业后，与师友们共同组织如意社任社长并担任主要演员。李玉茹先后与马连良、杨宝森、谭富英等名家合作演出。她的扮相俊秀端庄，嗓音清朗浑厚，演唱声情并茂，功底深厚，戏路宽广，表演细腻传神。自1946年起在天蟾舞台与叶盛兰、李少春等以"十大头牌"轮流挂牌演出，声名鹊起。1947年，李玉茹参加周信芳领导的"易俗社"，与周信芳、俞振飞等合作演出。上海解放后，李玉茹组织李玉茹京剧团，不久后合并到上海京剧院担任主要演员，创演了多出新戏。

　　1953年，她跟随中央第一志愿军慰问团赴朝鲜演出。1955年，参加了在华沙举办的第五届世界青年与学生和平友谊联欢节展览演出。1956年在苏联8个城市巡回演出。1958年，作为中国戏曲歌舞代表团成员赴欧洲演出长达半年。1979年，她随上海京剧院出访西欧19个城市，圆满完成了各项出国演出和弘扬中华文化的任务，使美不胜收、绚烂夺目的京剧艺术在外国观众中得到了广泛赞誉。20世纪80年代初，她又排演了根据日本歌舞伎改编的京剧《镜狮子》，饰演弥生，促进了中日文化的交流。

1988年后,患病期间的李玉茹,抱病撰写理论著作,笔耕不辍,刻苦写作,先后完成几十万字的论文,还创作了长篇小说《小女人》和京剧剧本《青丝恨》。八十岁开始学电脑,学习拼音打字,写戏剧论著,写出了《李玉茹谈戏说艺》。李玉茹在病中曾说:"我如果有下辈

《百花公主》李玉茹饰百花公主

子，我还要做京剧演员。"直到去世前，她还关注着汶川灾区的抗震救灾情况，委托身边的护理人员交纳特殊党费3000元，支援灾区。在70多年的艺术生涯中，李玉茹与南北诸多名家通力合作，在《樊梨花》《宇宙锋》《辛安驿》《小放牛》《挡马》《游龙戏凤》《苏武牧羊》《柜中缘》《百花公主》《梅妃》《红梅阁》《贵妃醉酒》《游龟山》《白蛇传》《唐赛儿》《铸剑》《日月雌雄镖》《青丝恨》等剧中塑造了众多杰出的舞台艺术形象。她呕心沥血地为京剧艺术的传承奋斗着，致力于培育京剧表演艺术人才。她可称京剧界少有的一位才女、一位奇才、一位全才。她不仅是一位优秀的表演艺术家，而且是一位创作家、京剧理论家、京剧教育家。这在全国京剧界，都是很难得的。

心中有党　奉献终生——方荣翔

方荣翔专攻裘派花脸，六岁练功，十六岁被裘盛戎收为弟子。1948年，方荣翔参加了中国人民解放军。一年后，随军南下，改编为第四野战军44军京剧团演员，在平安大戏院演出新编历史戏《九件衣》。1951年，作为中国人民志愿军京剧团演员奔赴朝鲜战场，并荣立三等功，获授"解放奖章"。1956年加入中国共产党。1958年转业到山东省京剧团工作，创演了《袭击白虎团》中的王团长，一段"痛歼敌人在今晚"脍炙人口。在请教师父裘盛戎的艺术和对裘师娘的照顾上，尽了一位弟子的传承之心和孝道之心。方荣翔为继承和传承裘派艺术，献出了毕生精力，被称为艺术精湛、品德高尚的典范。方荣翔精神品格的可贵之处，集中表现在他对党和人民，以及对艺术事业的无限热爱上。

方荣翔从艺五十多年来始终生活在革命队伍里，是在党的教育下成长起来的人民艺术家。当方荣翔犯心脏病时，山东省领导特聘请有经验的医生做手术。"是党给了我第二次生命，我要竭尽全力为四化多做贡献"，方荣翔感慨道。当他在香港利舞台演出《打銮驾》时，心脏病再次发作，团领导决定立即送他去医院，同时安排他的弟子做好接演准备。方荣翔却在服药缓解后，执意坚持上场演出，他说道："我决不能让台下的观众失望。"此时他冒着生命危险，毅然再次登台演出

《赤桑镇》《铡包勉》等唱功繁重的戏。香港观众看着台上的"活包公",却不知这是方荣翔冒着生命危险献艺。事后,当他们得知此事,说出了这样一句话:"只有共产党培养出的演员才能做到。"

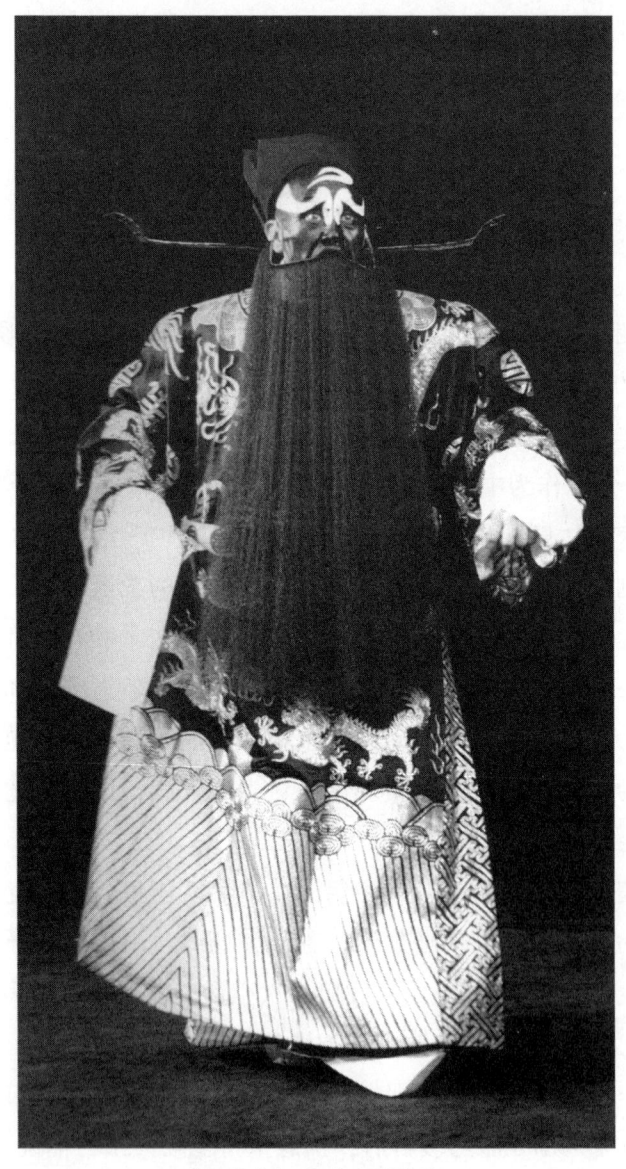

《铡美案》方荣翔饰包拯

方荣翔从不把个人名利放在第一位，处处表现出对党的一片赤诚。当全国实行薪金制时，他被定为文艺四级。但他多次找到领导要求降低工资。他深情地表示："我毫不具备艺术大师的水平，我是共产党员，深知要做一名文艺战士，不争名不争利，千万别让我参加评选，我只愿做一名人民的演员。"方荣翔一直把艺术称号和品级看得很轻，并说到做到。把荣誉让给别人，把工作留给自己，是方荣翔的一贯作风。

　　由于病魔肆虐，自知来日无多的方荣翔，在遗嘱中写道："我仅仅是一个京剧演员，基础有限，水平不高，贡献很少，可是领导给了我许多很高的荣誉，我心中很是有愧。自己想去完成的一些任务未能如愿，对党和政府、对人民、老师们、观众们、亲友们，我只有歉意，我是怀着深切的歉意向你们作别的。"方荣翔用自己的心血延续了裘派艺术，晚年整理了多出裘派剧目。其艺术形象超然，刚柔相济，栩栩如生，雄浑磅礴，这也正是他精神品格的展现。

孜孜不倦追求人物个性刻画——吴素秋

吴素秋成名很早，先拜尚小云为师，后来被荀慧生收为义女。20世纪30年代末，她曾与金少山合作《霸王别姬》，并因《孔雀东南飞》走红。

1981年国庆节前夕，一张"剧团启事"贴在了北京广和剧场门前，内容是十月一日的海报，吴素秋演出《苏小妹》，可是由于另一位演员患病，原定剧目只好改为《柜中缘》《拾玉镯》。这两出戏都是花旦行当，剧中的刘玉莲、孙玉姣又都是十六七岁的少女，年龄和行当相同，而且扮相也相似，甚至连情节和表演都大致相同。对于这样"一道汤"的戏，观众很难坐得住。

在《柜中缘》中，当吴素秋饰演的刘玉莲在送母亲出门后，哥哥让她快点回到屋去，别站在外面。只见这时的刘玉莲一只脚站在门外，另一只脚站在门里，把眼珠往上一斜、嘴角微微一撇，故做撒娇的状态把两只脚全跨到了门外，一下子就把小姑娘那种娇嗔展现了出来。可当岳雷突然闯入家中后，吴素秋以"兰花指"指着岳雷斥责他的行为，只使用了一个指的动作就把这个天真烂漫的小姑娘的稚气与童真表露无遗，恰如其分。待母亲回到家中问明缘由，却撮合了二人的婚姻，此刻的刘玉莲全无心理准备，可眼前又是忠臣之后，虽感突然，但也欣然接受。为了表示小姑娘的羞涩，吴素秋以半侧身，抿嘴暗笑来表露心声。只这一个小动作内涵丰富,既有娇羞,又有欢悦,充满了浓浓的情感。一切尽在不言中。

《拾玉镯》中的孙玉姣的表现方式与刘玉莲完全不同,"心事难启

《红娘》吴素秋饰红娘

齿，见人面带羞。"只这一出场的定场诗就暗示了她的性格。吴素秋为了表现孙玉姣这个人物的身世处境，并着重表现她的娇嗔、羞涩和胆怯，以念白和动作来突出。傅朋在看到孙玉姣时暗生爱意，有意将玉镯丢落在孙家门前，并敲门示之。吴素秋在表现孙玉姣紧张欢欣的复杂内心时，走上前想拾起，可又怕有人看到。这时的表演，吴素秋先是用手绢遮挡住自己的半个面庞，偷偷观看，在发现周围没人时，再悄悄地将手绢盖在玉镯上面；可当要拾起时，又不放心，唯恐被傅朋发现，在确定其走远后，急忙拾起并以最快的速度返回院子。

这种欲、担、恐、急的表演，和左右观望、小碎步、蹦跳的动作，再有就是用手绢的挡、遮、盖等，尤其是刚刚拾起玉镯的一系列精彩表演，细腻真切，感人生动，也把孙玉姣这个情窦初开的小姑娘的内心喜悦展示得淋漓尽致。

自我降薪让职——厉慧良

厉慧良出身梨园家庭,父亲厉彦芝是京剧琴师,母亲韩凤奎、姨母韩凤英都是京剧演员。厉慧良家学渊源,天赋甚佳,七岁时,随父在上海练功学艺;八岁,随父北上北京、天津演出。1933年开始,厉慧良先后从张福通学戏,同时又向赵瑞春、潘奎祥、李桂春、产保福、关盛明、钱宝森、沈玉秋、敖伯言等学艺,博采众长,在上海等地演出时被誉为"神童"。1936年,其父开办厉家童伶班。同年,记者黄尧、丁聪等在《申报》上撰文将厉慧斌、厉慧良、厉慧敏、厉慧森、厉慧兰称为"厉家五虎"。1956年,天津京剧团组建,厉慧良任副团长、团长兼主演。

新中国成立前后,民间已有"南麒北马关东唐,西南有个厉慧良"之说。20世纪50年代中期,愈见红火的厉慧良,被全国多家院团邀请,他最终选择来天津工作。

1955年初,天津共和社派邱炳炎赴上海,邀请厉慧良到天津演出。厉慧良提出要在中国大戏院演出,邱炳炎心里没底,怕天津观众不认,加之当时中国大戏院档期已满,春节过后,厉慧良来到天津,在长城戏院和新华戏院演出期间,天津市文化局局长前来看戏,一方面是为组建天津市国有京剧团寻找主演和牵头人,另一方面也是慕名前来欣赏厉慧良的演技。看完演出,直说:"怎么不在中国大戏院安排！"

厉慧良的到来，无疑成为天津组建市级京剧团的重大保障。到定工资时，原定给他1000元，但厉慧良主动提出："不行，少春二哥在中国京剧院才拿1000元，我950元！"从1956年3月1日开始，厉慧良成为天津市京剧团拿工资的第一人。同月，杨宝森应邀率宝华社全体同仁来到天津，与天津共和社合并组建了天津市京剧团，厉慧良与杨宝森同任团长兼挂双头牌，这在全国绝无仅有。但这种安排不适合工作的开展，后来杨宝森向文化局提出："两个正团长，不便工作。"领导便征求厉慧良意见。厉慧良为剧团考虑，建议留下杨宝森，自己走。这样，任命厉慧良为副团长，任命杨宝森担任团长。

建团前夕，厉慧良在中国大戏院向全团宣布："根据文化局安排，建团之日，杨团长、我、至云三人轮流演三场。"6月13日，厉慧良首

《关汉卿》厉慧良饰关汉卿

场垫演《钟馗嫁妹》,杨宝森大轴《失·空·斩》,特邀侯喜瑞助演;第二场杨宝森垫演《击鼓骂曹》,厉慧良大轴《挑滑车》,一时盛举,唱响津城。

不忘师恩　永怀于心——王玉敏

　　王玉敏曾在中华戏曲专科学校接受过系统学习，先接触武旦，后投身老旦，先后请教过刘俊峰等多位名师。对于戏校经历，王玉敏是怀念和崇敬的："戏校老师谆谆教导的场景犹在眼前，以刘俊峰先生为例，他尽管是票友出身，然而他的念字颇有造诣，帮助我夯实了基础，时青山先生师从罗福山，是正儿八经的梨园世家出身，尽管声名不显，然而其戏路极宽，施教严格，无论是主演还是配演都能很好把控，让我受益匪浅。"四十年代，与马连良搭戏的经历也给他留下了深刻印象。据王玉敏回忆：马连良大师是一个执着艺术的人，对舞台表演有着极高要求，在做表率的同时，也给搭戏者定下了严格标准。如他提出了"三白"标准（即护领要白、水袖要白、靴底要白），主演要如此，龙套也不得马虎，角色上更要践行这般标准。他十分看重对青年人的培养，曾对王玉敏进行过专门指点，说道：学别人时，应挑优点学，千万不要舍了优点学了毛病。

　　王玉敏随团多次到芬兰、瑞典、挪威、丹麦、冰岛等国家访问演出。在此期间，老旦、丑角、彩旦、老生均有涉猎，也赢得了广泛认可。一位芬兰观众欣赏《辕门斩子》之后，在招待会上专门和王玉敏打招呼，还风趣地称他为"祖母"，说道："尽管戏中的你只是配角，然而演得真的很出色！"王玉敏在舞台表演上颇具功力，在戏曲教育领域也颇有建树。他曾说过:"哪怕是死,也甘愿死在舞台上,抑或课堂上。"足见其对京剧事业发自内心的喜爱。

　　自60年代起,王玉敏将工作重心放在了带学生上,其教学是严厉的,是不藏私的。他敢于突破门户束缚,积极践行"拜我者,我教;不拜我者,我也教"的无私理念。哪怕是不相识的求教者,他也能做到真诚相待,不刻意留手。数十年后,其教育成果颇丰,做到了桃李满天下。很多知名演员和京剧教育工作者便是师出王门。王玉敏是一位谦逊的人,尽管艺高但平易近人,对前辈充分尊敬,对同辈以礼相待,对后辈倍加呵护和扶持。

《打龙袍》王玉敏饰李后

丑行难得　艺德亦是——张春华

　　张春华九岁入天津天华景稽古社科班学戏，十二岁进稽古社，得娄廷玉、丁秉春等传授及尚和玉指点。1943年，拜武丑大家叶盛章为师。1946年与张云溪合作成立云华社，后转入中国京剧院，与李和曾、张云溪、李洪春等长期同台合作。张春华的表演以演武丑为主，同时兼演文丑，功底扎实，技艺精湛，是叶派武丑的主要继承人。

　　张春华幼功扎实，技艺精湛，身高不过一米五几，体重不足百十来斤，可以说这样的身量，兼具了灵活、敏捷、狡黠、幽默的特质，是丑行的天选之子。张春华谨记"曲不离口，拳不离手"，他可以每日少吃一顿饭，但绝不可一日不练功。张春华几十年如一日坚持着天天早起练功不辍，练就了舒展俱佳的"童子功"，在台上非常轻灵、绵软、松弛。他常常对后学者说"台上一分钟，台下十年功。好戏要想赢得戏迷的心，必须靠实实在在的演出质量，否则人家决不会买你的账"。

　　正是因为有这样的坚持，张春华收获了不少好作品以及忠实观众。1955年大年三十，一些痴迷的戏迷朋友冒着冬日的寒风，拿着小板凳，穿着棉大衣硬是在中国大戏院售票处排了一夜的队买票，就是为了看张春华主演的《三岔口》。很不巧当晚张春华突然感冒发烧达40度，京剧院领导考虑到演员的身体情况，征询是否变更演出时间，张春华却坚持如期开锣。演出时,由于高烧,张春华身体乏力,手里的刀有些攥不住,结果在对打的时候刀掉在台上。谢幕时,张云溪遂将张春华患病发烧而坚持演出的情况告知观众,戏迷们"好"声不断,献上阵阵热烈掌声。

《打瓜园》张春华饰陶洪、李景春饰郑子明

1982年,张春华随剧团去沈阳演出,收到一封信。信里有一张拍摄于五十年代的《五鼠闹东京》剧照。再细看附信,原来此信是一位沈阳银行界的老戏迷所寄,这张照片是当年张春华所赠。抚今追昔,这位戏迷希望原赠送者张春华能给这张照片签上字。他想:我不过是个普通演员,可人民对我一往情深,这是花多少钱也买不来的呀!他难抑心中激动,连忙恭恭敬敬地在照片上题写了上下款,而且复信邀请这位戏迷来饭店相会,共叙友情。

即使此事已过去数十年,但每当张春华想起时,心中就难以平静。这是演员的艺德,也是与戏迷之间的情感!也正是演员与戏迷们之间的相互成就,才使得我们的京剧艺术延续至今。

目光灼灼"活曹操"——景荣庆

　　景荣庆十三岁入中华戏曲专科学校，后转入荣春社科班，精于架子花脸，饰演人物鲜明、做工考究。其工架既壮且美，不失稳健，形象更是洗练大方，善守规矩，喜欢通过艺术程式来实现对人物的精准刻画，他在新编京剧《孙安动本》中饰演徐龙，并亲自研制脸谱，是新谱式中的典范之作。

　　景荣庆选择学戏是因为"学戏可以管饭"。但要在这个"苦中苦"的行业里立足，没有坚定的意志和卓越的天赋是办不到的。凡逢年过节，景荣庆因为无家可归，就省出时间来练戏，在戏曲中他不再寂寞，有了情感的依托。早熟、坚毅的性子成就了他"花脸"的一生。尤其到晚年，形成独树一帜、独创一格的舞台风范，臻于炉火纯青的境界，是铜锤、架子、武花脸全能的名家。

　　可能很多人都不知道，在舞台上目光灼灼、以目光传神闻名的景荣庆，其实是个500多度的大近视。可戏曲讲究眼神流转、传神，尤其是净行，更是看重"精、气、神"，几乎将之奉作金科玉律。于花脸而言，眼神之灵动何其重要，景荣庆自然对"眼是心中苗"这一道理深有感触，所以他特别注意自己的眼神问题，经常在家对着穿衣镜练眼神，把握节奏、分寸。

　　景荣庆有着"活曹操"的美誉，他饰演的曹操，眉目传神，细致入微。他关注眼神的传情功能,拒绝让脸谱色彩淹没眼神,认为唯有让神情充分流露,才能赋予脸谱更多生气。他在《长坂坡》中饰演的曹操发现赵云时,目光灼灼,大家都能清楚地感受到他的爱将之意。在《逍遥津》中,他的眼神、表情细致入微地刻画了曹操奸诈、多疑的一面,最令人击节赞叹的是让穆顺就座时那"射出两道问号"的令人难以直视的目光,即便是大而化之的观众,也不难感受到这一点。

景荣庆在传承方面是一位认真负责的好老师。他教学生时常常会教导他们不要只顾着拼主角。他直言"现在的戏校培养的学生都是主角,那么配角谁去演呢?因为演主角和配角是不同的,如果演配角像演主角那么演那不就是喧宾夺主吗?"从角色出发,以戏为本,做到恰如其分,给角色添彩,而不是单纯的抢风头,这是景荣庆的表演之道,更是成功的秘诀。

他对学生严谨认真、呵护有加。老师教的认真,学生学的仔细。

《三打祝家庄》景荣庆饰李逵、张云溪饰石秀、李和曾饰宋江

指导"走边"这一动作时，炎炎夏日，一遍没走完，学生额头便布满汗珠了，汗水甚至顺着腿滴到了地上，已逾古稀的景荣庆自然也不好受，但他依然坚持教学，分解、合并，一丝不苟，反复演示，直至学生真正领悟。在两年后举行的教学成果汇报演出中，景荣庆亲手为学生涂好了油彩。表演很成功，但景荣庆现场表现平静，勉励弟子道："没演到最好，不过不错了"。其实回到家，他就给老伴说"哈哈，他终于领悟了"，高兴得多喝了二两酒。景荣庆不夸学生，是怕他们骄傲，但是他心里骄傲得很。

扎根祖国大西北——李鸣盛

李鸣盛的父亲李华亭是京剧界中出色的管理人才。十二岁从张连福、沈富贵等学戏练功,十三岁登台演出。曾和梅兰芳、程砚秋、尚小云等京剧大家搭过戏,积累了颇多经验。

1952年,李鸣盛凭借深厚专业功底成为了中国人民解放军总政治部京剧团的一员,同期进驻该团的还有班世超、谭元寿、李丽芳、郭金光、俞鉴等各地名角。进团后,他们不仅仅是搭戏伙伴,还是甘冒风险为前线战士鼓舞士气的文艺兵。尽管条件简陋,生命安全也得不到充分保障,然而一想到战士们的英勇无畏,他们瞬间便产生了无尽的表演激情。

因出生在旧社会,遭遇过各种各样的苦难,李鸣盛学有所成之后,始终心向国家和人民。他的儿子李鸣曾提及:"父亲先后多次递交了入党申请,直至上世纪八十年代才得偿所愿。"

1958年,中国京剧院四团遵循文化部的指示,被划归给了经济发展相对落后的宁夏回族自治区,从而发挥其支援大西北建设的作用。这一年的9月19日,四团的全体演员义无反顾且满怀期待地登上了驶向银川的列车。李鸣盛是四团当仁不让的头牌,在整个京剧界也颇有名望,正处于个人事业的最高峰。在京剧团抵达宁夏后,在三十几年的工作中,李鸣盛身为剧团的副团长,从黄河两岸的大小乡镇,到具有革命传统的边远老区,他走遍了宁夏的山山水水,从贺兰山北麓的石嘴山煤矿,到六盘山,都留下了他演唱的身影,献上了自己的拿手好戏。其间,在1964年6月到北京参加全国京剧现代戏观摩活动,演出的《杜鹃山》更是一炮而红。李鸣盛将乌豆这一农民英雄形象演活了,不仅获得了观众的认可,也在业界赢得了美誉。"作为老一代京剧表演艺术家,李鸣盛在戏曲舞台上演绎了一段无悔、无愧的瑰丽人生。"这是著名戏剧理论家、教育家、戏剧史家张庚对李鸣盛的评价。

《杜鹃山》李鸣盛饰乌豆、李丽芳饰贺湘

德艺双馨的"红嫂"——张春秋

张春秋因为在京剧现代戏《红云岗》中塑造的"红嫂"这一艺术形象非常成功而蜚声海内。她自幼出生于江南一个贫苦家庭,六岁时母亲去世,父亲迫于生计,将她卖给了上海"喜临堂"张家戏班,班主是张远亭、董月红夫妇。养父母见她是个学戏的坯子,便开始教她学艺。从此以后,张春秋每天清晨五六点钟就起床,每日去天井边跑圆场、喊嗓子、踢腿、拿大顶。除练功外,还要侍奉养父母。在本该玩耍的年龄,张春秋却刻苦地练功,这段早年的经历磨练了她的意志。

张春秋在舞台生涯中塑造了丰富的艺术形象。她擅长用不同的唱腔和身段去表现人物的内心世界,塑造出众多个性不同、鲜明有特色的艺术形象。她的旦行戏中,既有驰骋疆场、豪气凌云的穆桂英,威风凛凛、气势非凡的扈三娘等巾帼英雄;也有出身宦门、具有大家风范的赵艳容、程雪娥、崔莺莺等贵族小姐;更有活泼风趣、天真烂漫的春香、孙玉姣;豪爽泼辣、性情悍勇的顾大嫂、九奶奶等,经她演来,每个人物都惟妙惟肖,给观众留下了深刻的印象。她还能反串武生、小生行的陆文龙、周瑜,老生行的诸葛亮,花脸行的高旺等,为观众津津乐道。

新中国成立后,张春秋最为广大观众熟知的还是她参演的现代戏《红嫂》。该剧描写的是解放战争时期,一位农村妇女用自己的乳汁救起了身负重伤的解放军排长，突出地表现了沂蒙老区人民对子弟兵的深厚感情，生动地描绘出军爱民、民拥军，令人感动的军民鱼水情。张春秋饰演的红嫂更是以其脍炙人口的唱腔、情真意切的表演而获得观众的喜爱。1960年，《红嫂》进京演出，曾先后受到党和国家领导

《贵妃醉酒》张春秋饰杨玉环

人接见，并称赞她演的"红嫂"玲珑剔透。20世纪70年代，《红嫂》被拍成电影《红云岗》，从此，张春秋饰演的红嫂形象深入观众心中，一段"为亲人细熬鸡汤"的唱腔也成为人们记忆中的经典。

  在70多年的舞台生涯中，张春秋始终刻苦勤奋，将自己对生活与艺术的感悟融会贯通。她向梅兰芳求师问艺，但并不拘泥于梅派的一招一式，而是在表演中融入了自己的理解。在培养年轻一代上，她不遗余力。她给弟子说戏非常严格细致，不但教唱腔，还说眼神、身段、心情，对待角色她非常细心、耐心。那么多传统剧目，当年师父是怎么教自己，她再怎么手把手地教给学生，在艺术上可谓毫无保留。张春秋平时待人谦和，乐于助人，在日常生活中，她的这些美好品德也潜移默化地影响着她的学生们。

勇敢做自己的"刀马旦"——云燕铭

云燕铭自幼随母亲新兰秋学戏。1937年,拜上海的冯子和为师。1950年入中国京剧院任主演,常与李和曾、张云溪、李宗义等同台演出,在许多新编剧目中担任主要角色。1952年参加中国艺术团赴朝鲜慰问演出。1953年,在全国戏曲会演中主演《兵符记》获表演奖。1955年至1957年曾数次随团访问东欧、北欧、南美十几个国家。1955年,参加世界青年联欢节,主演《双射雁》《水斗》,她过硬的表演实力征服了世界,获金质奖章。1958年后调入哈尔滨京剧团,与梁一鸣、张蓉华等同台合作,深得观众好评。

云燕铭年轻时以演武旦、刀马旦、花旦等戏所擅长,表演十分细腻传神。在《拾玉镯》中,她全身都是戏,让观众百看不厌!把孙玉姣这个十几岁的少女初恋的神情、心理刻画得惟妙惟肖。这种充满想象力而又细致入微的表演,尽显京剧空灵的艺术美感。

20世纪五六十年代,京剧舞台上艺术创作灿烂辉煌,云燕铭凭借《猎虎记》中女豪杰顾大嫂名噪一时,成功塑造了一个凶悍泼辣的武旦形象。1958年,中央号召支援边疆艺术表演团体,她找到领导问哪里最远,得到答复是黑龙江。这样,云燕铭带着家人来到了哈尔滨,这一待就是几十年,把自己的一辈子都献给了在边疆传播京剧的事业。调入哈尔滨京剧团后,云燕铭更是全身心投入到排演新老戏之中,也因此获得了很高的票房和极大的成功。在 1964 年北京举办的全国现代京剧观摩演出中，云燕铭在京剧现代戏《革命自有后来人》中所饰演的李铁梅富有激情，人物性格发展掌握得很有分寸，因而大获成功。他们为了更好地体现铁路工人的生活状态，特意到铁路上体验生活，同他们同吃、同住、同劳动，经过一个多月的观察和学习，云燕铭和

《三座山》云燕铭饰南斯勒玛、贾松林饰商人

其他几位饰演者真正懂得了如何在京剧舞台上表现他们的情感和生活。正是有了这些通过生活感悟的再创作，人物感才更真实可信，表演才更丰富，所以内行对她给予极大的肯定和盛赞，观众称她是"中国第一铁梅"。

1986年，66岁的云燕铭应邀回到北京，重登她阔别几十年熟悉和热爱的人民剧场舞台。20年后重新演出新编京剧《猎虎记》，只一声："母大虫来也！"观众看到的还是那个宝刀未老，满堂生辉，勇敢做自己的刀马旦，云燕铭今天又回来了！

艺无止境　融汇贯通——关正明

关正明自小便对京剧展现出了浓厚兴趣，1940年成功考进上海戏剧学校，成为了正字班的一员，其开蒙老师是关盛明。关正明接受能力远超常人，是天赋型"选手"，学习不久便能在《二进宫》等剧中进行出色演绎，还为《古中国之歌》的成片贡献了重要力量，由于天赋绝佳，是戏校重点培养的尖子生，尚未出科时便小有名气了。

1954年，关正明正式成为了武汉市京剧团的一员，不久之后师从马连良继续学习，由于业务能力突出被委以三团团长之职，和高盛麟等默契十足，建立了深厚友谊。以《失·空·斩》为代表的多出老生传统剧目是其拿手好戏，除此之外，其还拥有令人叹服的编演新戏能力。在二十世纪中叶，其编演了多个颇受好评的经典剧目，如《二子乘舟》《宋江题诗》《关汉卿》等。

关正明对于艺术的追求从不停歇，他的嗓音高亢而又不失圆润，扮相上佳，以清秀为主，戏路不拘一格，基本功十分扎实。他敢于突破，尤擅唱功，咬字方面大多通过湖广音来呈现，天然古朴，韵味十足；在运腔方面，敢于尝试新腔，融合了谭派亮音，继承了马派的潇洒，借鉴了言派的清婉和余、杨两派的苍劲，推崇麒派的做和表并在此基础上谋求进一步发展，循序渐进地形成了自己与众不同的风格，委婉含蓄，刚柔相济。无论是唱腔还是表演均有鲜明的个人烙印。

《二堂舍子》关正明饰刘彦昌

常演《红鬃烈马》《奇冤报》《举鼎观画》《失街亭·空城计·斩马谡》《甘露寺》《借东风》《浔阳楼》《李陵碑》《桑园会》等传统戏,以及《宋江题诗》《关汉卿》等多出脍炙人口的新编古装剧。此外,关正明还参与了电影《宝莲灯之二堂舍子》的拍摄。

2008年3月30日,关正明作为京剧演员代表参加了武汉市京剧票友协会的成立仪式。该协会中的成员主要有戏曲表演艺术家以及对京剧热爱的广大戏迷,虽然该协会成立一年多之后关正明就与世长辞,但是其平易近人、和蔼可亲的风姿,与其在艺术上的孜孜追求、对京剧新人的尽心扶持,令大家永远怀念。

自强精进　锲而不舍——小王桂卿

小王桂卿是武生王桂卿之子，原名王强华。他幼年起随父亲攻习武生和老生。之后与其弟弟妹妹，小二王桂卿、小三王桂卿、小四王桂卿一起组织起王家班。青年时期独立挑梁的小王桂卿，尤以猴戏著称，广受欢迎。早年间即私淑麒派，常常观摩周信芳以及其他麒派名家的演出，后得到周信芳的亲自传授。他文武兼长，能戏甚多，表演具有浓烈的南派色彩。武功底子扎实，尤其是"打出手"干净利落，即使到晚年，"吊毛""抢背""耍鞭""耍锤"等绝活照样非常精彩。

1958年，小王桂卿担任上海新民京剧团团长兼主演，合作者有黄桂秋、迟世恭、筱高雪樵等人。1961年，集体加盟上海京剧院，又与李仲林、沈金波、汪正华、王正屏等人同台演出。1964年参加全国京剧现代戏观摩演出大会，演出《智取威虎山》饰李勇奇。同时为现代京剧《杜鹃山》担任指导工作，并为柯湘的出场和雷刚所舞的整套大刀进行了设计，获得一致的好评。20世纪80年代后期在江苏任教。

在张君秋的推荐下，小王桂卿为周信芳剧目配像。自1996年起，小王桂卿不顾年迈，多次飞赴北京，不辞劳苦，抖擞精神配了23出剧目，表演细腻传神。尤其是第一个配像的剧目《追韩信》，这出戏身段很多，配像时，既要掌握演唱的节奏，又要把拍手、拍腿的动作同时配上。动作比音响早了不行，晚了也不行，必须配合得自然、贴切，这就得一遍一遍来回掐节奏。其时小王桂卿已年近七十岁，如此大的工作量，其中辛苦自不待言。

晚年的小王桂卿还全力以赴参加了上海电视台《绝版赏析》所安排的为周信芳、李桂春、李如春的配像。1998年参加中央电视台"金

《雅观楼》小王桂卿饰李存孝

虎闹春"春节戏曲晚会，演出《徐策跑城》。2005年，录制了《唐僧认母》《明末遗恨》《战长沙》《赵五娘》《审庞吉》《打銮驾》《走麦城》《澶渊之盟》《温酒斩华雄》《乌龙院》《东岭关》《镇国寺》《闻太师还朝》等海派名剧。1999年，小王桂卿参加了《晚霞工程·小王桂卿专辑》，录制了《打严嵩》和《四平山》。2007年重阳节，小王桂卿参加了京剧老艺术家演唱会活动。

小王桂卿不仅出色地继承了其父王桂卿的表演艺术精粹，而且对麒派艺术颇有建树，他在演出中潜心钻研、探索，成就了一批具有海派特色的代表剧，创造出一系列技术含量高、舞台效果好的表演绝活。在教学中，他培养了一批活跃于京剧舞台的骨干艺术人才，并参与抢救、传承了一批珍贵的京剧艺术资料，为京剧表演艺术的传承做出了突出贡献。

守本创新　提携后人——杨荣环

杨荣环九岁入尚小云主持的荣春科班学戏，师从贾多才、于连泉、郭春山等学习花旦，后又从胡长泰学青衣，由于学习刻苦成绩突出，颇得尚小云器重，有"小尚小云"之称。

杨荣环虽然宗尚派，却擅于汲取各家的营养，这一点很像他的师父，尚小云在艺术上就无门户之见。《霸王别姬》是尚小云与杨小楼最早合演的，后来成为梅派代表作。杨荣环学梅派《霸王别姬》时，为了学习梅派唱腔，他买来唱片，潜心研究。梅兰芳那清柔甜润的歌喉，让他着迷。后来他认识了梅兰芳的挚友齐如山和为梅操琴的徐兰沅，对日后拜师梅兰芳起了决定性的作用。

齐如山对杨荣环很赏识，杨荣环也十分尊敬齐如山，每次演出后，都要征求齐如山的意见。1946年，齐如山亲自为杨荣环排演《桃花扇》，并由徐兰沅设计唱腔和伴奏的音乐。1948年春天，梅兰芳在上海天蟾舞台演出，齐如山鼓励杨荣环拜梅兰芳为师。杨荣环说："拜师的心愿虽然由来已久，但和这位艺术大师素昧平生，他是否肯收我呢？"齐如山说："我和畹华相交莫逆，我请他收，他就会收的。同时可以请徐兰沅写封介绍信，有我们两个人推荐是万无一失。"杨荣环得到齐、徐的支持，赴上海拜梅兰芳为师。

杨荣环在学传统剧目的同时，还对剧本、声腔、音乐和表演进行整理加工，锐意求新又不失传统规范。京剧《宇宙锋》中"修本"一场戏是全剧的精华，杨荣环认为梅老师之所以能成功地塑造赵艳容的形象，除了他卓越的艺术天才之外，关键在于他能牢牢地把握住这一人物，深刻地理解剧中人的身世、气质、性格，以及事态发展到非装疯不能"过关"的严峻现实，其次才是他为表现装疯而运用了恰如其分的艺术手段。故此，杨荣环在饰演赵艳容时，采取了与《乾坤福寿镜》中胡氏"真"疯完全不同的表演风格，重点表现在"装"上，侧重于人物复杂心理的完美表达。"装疯"是做给赵高看的，是逼出来的，决不是这个人物的本来面目。

杨荣环重返舞台陆续恢复了梅、尚两派的剧目，不但在剧情和人物方面有新加工，他还对唱腔重新设计，对扮相也有改进，加强了技巧和技能的展示。在《乾坤福寿镜》中他有多种舞水袖、单腿三蹲三起等繁难的舞蹈动作。在《汉明妃》"冷宫"一场中，增加了弹琵琶的表演，堪称一绝；而在"出塞"一场，又有高技巧的三人舞表演，

《失子惊疯》杨荣环饰胡氏

令人叹为观止。自他之后，许多演员排演这些戏时均采纳他的版本。杨荣环强调："流派艺术就是有鲜明特色的有活力流传的艺术，而绝非凝固的僵死的艺术。只有流传不息，才有生命力。"

爱憎分明　独具一格——关肃霜

关肃霜出身艺人家庭，父亲关永斋是京剧鼓师。十五岁时拜京剧名旦戴绮霞、王韵武为师，精通青衣、花旦、刀马旦等旦角行当。关肃霜塑造的穆桂英、谢瑶环、白素贞、小青、黛诺等众多古代和现代及少数民族女性形象，显示出她多方面的表演才能和独特的艺术风格。关肃霜在艺术上勇于革新创作，她主演的现代京剧《黛诺》极具云南民族特色。

曹禺曾赞赏京剧界的两位"神仙"，他们允文允武，一个是"李神仙"李少春，一个是"关神仙"关肃霜。由关肃霜重新整理加工的传统剧目《铁弓缘》已成为她的代表剧目，该剧根据传统剧本《大英杰烈》整理改编而成，原来的剧本故事情节简单，人物塑造不鲜明。经整理加工后，新版《铁弓缘》在情节上更为精炼，在表演上更为全面。她根据人物本身的行为逻辑，塑造了一位敢爱敢恨、女中豪杰的陈秀英形象。

陈秀英的表演集花旦、青衣、小生、刀马旦、武生于一身。为塑造好不同时期、不同身份的陈秀英形象，让观众感觉到真实可信且与行当融合的天衣无缝，关肃霜在创作上付出了很多心血，充分体现出她在全面继承上所达到的深厚功力。"待嫁"一场，是关肃霜在《铁弓缘》中新增的，她传神般地表现出待嫁少女对未来的美好憧憬。为了富有艺术魅力地展露少女丰富的内心世界,她设计了在闺房中的陈秀英,情思绵绵,先是蒙上红盖头,后又调皮地把盖头掀起,左右张望一下,然后再将盖头蒙上,学起新娘出嫁时的礼仪场景。她左抖肩、右抖肩,走起活泼的"花梆子"步,不料一不留神,头撞在门楣上。她一赌气,索性把红盖头狠狠扔在地上。生动活泼,让观众感到这个多情少女对未来生活的美好向往。

关肃霜饰演的陈秀英,对不同的人表现出不同的态度,而且情态生动可爱。当面对花花公子石伦试图抢亲时,陈秀英满腔怒火,表现

《铁弓缘》 关肃霜饰陈秀英

出鄙视和愤怒神色；当她看见壮士匡忠时，又立刻表现出欢喜、爱慕之情。可是待匡忠受迫害被发配充军后，花花公子石伦再次来茶馆抢亲，陈秀英手持利剑怒斩石伦，之后女扮男装，带着母亲逃亡太行山。此时的关肃霜由武生再串小生，一大段西皮［娃娃调］，在化用小生唱法同时，又融合旦行之味，使生旦腔结合起来，她的道白时而京白，时而韵白；表演时而花旦，时而小生，充分展现剧中人物的女性特征。

更让人赞叹的是关肃霜最后冒名王富刚攻打太原的几场戏，只见她身扎大靠，穿厚底靴，全套起霸，俨然一派大武生的风度。交战中，她一会儿抡刀，一会儿使枪。刀扬半空，顺手接住，干净漂亮；使枪再战，迅急勇猛，密不透风，令观者眼花缭乱，目不暇接。关肃霜如果没有"三旦二生"的武功表演，以及行当特色的基础和积淀，何来"唱哪个行当像哪个行当"的《铁弓缘》呢！

承上启下的典范——程正泰

程正泰艺工老生，幼年加入上海戏曲学校。程正泰的父亲是一位京剧票友，素与杨宝森交好。他临终前叮嘱爱子一定要拜杨先生为师。1947年，程正泰带着父亲的亲笔信，只身北上来到北平，拜杨宝森为师。杨宝森不仅教授他表演技艺，还请来老先生教授他古文和书法，更请来著名武净钱宝森教把子功。1950年在上海组建了"正社剧团"，1956年，天津京剧团成立，程正泰成为主要老生演员之一。

京剧传承至今，始终遵循的一个规律就是口传心授，这不仅仅是一种技艺上的传承，更重要的是从老一辈的身上，感受到国粹艺术的精髓。1986年，在天津市市长的主持下，程正泰收天津市青年京剧团演员张克为弟子。之后，程正泰按照师父杨宝森教他学戏和做人的方法，倾其所有，认真细致地传授张克杨派艺术的真谛。他一句一句地教唱，一个一个动作地细抠，使得张克迅速成长为全国著名的杨派传人。

对于师父的传艺之恩，张克至今难忘。他在《祭恩师 承祖业 献身京剧——怀念恩师程正泰》一文中说："他老人家为了教我把《洪洋洞》中［二黄慢板］和［快三眼］声腔唱得正宗地道，一字一腔地口授，一板一眼地细抠，并把余叔岩、杨宝森两位前辈艺术家的唱法作对比，仔细分析他们之间的异同，着重讲解杨派声腔的法则与技巧。"

程正泰教授学生从不保守，善于因材施教。他看张克的嗓音比师父杨宝森较强，故此在传授杨派声腔的同时，又为张克糅入了一些余派唱法。程正泰的授徒方式，如同他的师父杨宝森。当年杨宝森不仅向程正泰倾囊相授自己的精湛技艺和艺术实践经验，更以自己的高尚品格言传身教，注重学生道德修养教育。杨宝森视程正泰如己出，师徒朝夕相处，同桌进餐，促膝交谈，还出资为他聘请家庭教师。学习之余，让他研习诗词歌赋、琴棋书画，使他的艺术修养与文化修养得到同步提升。如今程正泰承上启下，不仅将师父的艺德传授给了学生，还潜移默化地将师父的品德传予学生。他除了把精力用于培养张克外，还广泛地传播杨派艺术，用他常挂在嘴边的一句话"我希望我们的羊（杨）圈里羊（人）丁兴旺"。

《十五贯》程正泰饰况钟

1998年的春天，徒弟们为古稀之年的程正泰筹办"程正泰舞台艺术纪念六十周年"演唱会，怎奈筹办资金出了问题。程正泰不忍看徒弟们忙碌，遂欲作罢。张克当时指着自己刚买的夏利车对师父说："师父，就是把它卖了，咱也得把这演唱会办起来！"可见师徒之情亲如父子。这次纪念活动，给来自全国的杨迷们送上了一场杨派老生的饕餮盛宴。

执着无悔　谦逊进取——汪正华

汪正华考入上海戏曲学校，由陈斌雨先生开蒙，工老生。此后又向陈秀华、赵济羹学习谭派、余派剧目。1945年，学有所成之后进入顾正秋剧团辗转多地演出。1950年于香港正式拜入马连良门下。1951年和杨宝森搭班演出，在《珠帘寨》中饰演程敬思，还曾经在《四郎探母》中饰演有情有义的杨六郎等，深得杨宝森称赞。此后，他悉心钻研杨派艺术。他唱、做规矩天成又大方自然，台风务实严谨，无论是扮相还是演唱又或是做派均跻身一流，深得杨派韵味。他还是一个对艺术有着极高追求、颇为执着的人，认为在学习流派的过程中万万不可取巧，务必要严肃认真。在演杨派名剧时严格遵循杨派演唱路子，另外在演出新编剧目的过程中也极力体现出杨派风范。

1957年，汪正华加入上海京剧院，主演过《失·空·斩》等闻名遐迩的杨派名剧。还在新编古装京剧方面交出了亮眼答卷，如在《满江红》中饰演精忠报国的岳飞，在《梅妃》中饰演不爱江山爱美人的唐明皇，在《宋江题诗》中饰演急公好义的宋江，为观众们奉献了多个杨派唱段，让人大饱耳福。汪正华经常在上海、北京、南京、江西等地演出。1984年参加"修我长城、爱我长城·京津沪鲁港京剧名家、名票大型义演"活动。从20世纪90年代开始，他专为杨宝森"音配像"，录制了《失·空·斩》《洪羊洞》《伍子胥》《杨家将》等剧目。

在配像时，汪正华已经年近七旬，在做连续几次跪拜的动作时，已感到力不从心，但仍然咬牙坚持，尽其所能，完成录制，为杨派的传承做出了贡献。七十六岁高龄时，央视戏曲频道《名段欣赏》栏目为他录制了《洪羊洞》《文昭关》等剧目。他毫不懈怠，每日早晨八点之

《宋江题诗》汪正华饰宋江

前必然已经身处摄影棚，接受化装，拍摄任务颇重，很多时候要到晚间八点左右才能收工，如此强度是很多年轻人都扛不住的，然而他却没有一句怨言，硬生生地坚持到了最后。对于自化装至拍摄的所有细节，他都会深究一番，力求完美。每日即将下班时，他总不忘对大家道一句："各位，辛苦了"。2003年，汪正华在《大唐贵妃》中饰演唐明皇李隆基，为了能在舞台上有精彩呈现，七十多岁的他即便在病中也依然琢磨着唱腔设计，还坚持每日锻炼以保证体能。

汪正华对艺术苛刻严谨，但为人谦虚低调。他所收弟子不多，然而对戏迷票友发出的拜师请求，他总是想方设法地满足，教授时也绝不藏私，晚年将毕生心血倾囊授予后辈演员。在去世前几天，还强忍病痛，为徒弟说戏，尽自己最大努力传播京剧艺术。他就是这样一个执着无悔的追梦人。时光流逝，但却淹没不了他的艺术光芒。

传承风范　谦虚做人——谭元寿

谭元寿是京剧武生、老生表演艺术家，谭门第五代嫡传人，谭富英长子，谭小培之孙，谭鑫培的曾孙，谭门的代表人物。其代表作品有传统京剧《定军山》《桑园寄子》《问樵闹府》等，他在革命现代京剧《沙家浜》中饰演的郭建光被全国广大观众所熟知。

谭元寿在传统戏中塑造了许多优秀的角色。在《群英会》中，他以细腻的表演展现出鲁肃做事严谨、为人憨厚的性格。在《战太平》中，他饰演花云，与陈友谅对唱的［快板］，快得密不透风，又字字清晰。在《失·空·斩》中，他扮演的诸葛亮不怒自威，以沉稳和气度体现出诸葛亮的风范，唱做俱佳，韵味纯正。他在《长坂坡》中饰演的赵云、《定军山》中饰演的黄忠等，都成为令人津津乐道的舞台形象，将中国历史上令人敬佩的英雄人物演绎得十分传神。

谭元寿在京剧现代戏舞台上塑造了许多令人难忘的艺术形象。如《秋瑾》中的徐锡麟、《青春之歌》中的卢嘉川、《草原烽火》中的巴图、《智擒惯匪座山雕》中的少剑波、《山城旭日》中的许云峰，而最著名的是在革命现代京剧《沙家浜》中饰演的新四军指导员郭建光。为了演好这个角色，谭元寿数次深入江南水乡体验生活，同导演一道设计了一系列高难度的动作，经过反复地排练、修改，指导员郭建光这一鲜活、立体的形象在舞台上树立起来。其中"听对岸响数枪声震芦荡""你二人改装划船到对岸""要学那泰山顶上一青松"等唱段，脍炙人口。

尽管取得了极高的艺术成就，谭元寿始终为人谦卑。他曾表示，不能接受"宗师""大师"等称谓，甚至不敢妄称"艺术家"。因为祖辈的造诣和荣耀横亘于面前，他只敢称一名京剧演员。

《定军山》谭元寿饰黄忠

谭元寿对于艺术的追求丝毫不敢懈怠。1996年，中国京剧音配像精粹工程点名要给谭派经典剧目《问樵闹府·打棍出箱》配像，彼时的谭元寿已经七十多岁了，考虑到谭老年事已高，而"吊毛"技巧又对演员要求颇高，于是导演组计划启用替身演员来做"吊毛"技巧的表现，然而谭元寿却要求现场工作人员不要停机，在大家尚未反应过来的情况下潇洒自然地做出了剧中人物范仲禹的"吊毛"，把现场的工作人员都惊呆了。当众人上前询问谭元寿的情况，他却只是说："我是要为自己的父亲配像，领导又这么重视，如果我翻个吊毛还找替身，怎么对得起国家，怎么对得起父亲呢？"一番肺腑之言使得听者无不感动、叹服。

谭元寿对于京剧艺术的不懈追求，对自己在舞台上的严格要求，不仅反映了京剧谭派艺术精益求精的追求，更体现了谭门几代人传承的家风。

因热爱而恒久——李蔷华

李蔷华是程派私淑弟子中的佼佼者，在音韵上相当讲究，尤其在吐字发声和四声方面极其准确，听起来外柔内刚，情态动人。50多年来，李蔷华一直学习钻研程派艺术，先后在北京、武汉、上海等地从事程派剧目的演出和教学，她的弟子众多，其中已有多人成为院团的艺术骨干，近九十高龄还收了青年尖子人才为徒，把手相教，为程派艺术的光大做出了贡献。

李蔷华曾说道："有句话叫'时势造英雄'，用到我身上，是'时势造演员'。"为了生存，李蔷华帮忙分担母亲肩上山一般重的生活担子。而这些童年的磨练，成了她一生受用不尽的财富。

因为没有家传的外在条件，自会有求生的强烈渴望。有了强烈的渴望，就会衍生出热爱。这种热爱是一种自内而外的喜欢，一看到、一想到就心里欢喜的那种。无论是因为最初的"只能如此"，还是因为后来的"有了它就有安全感"的顿悟，总之，当十二岁的李蔷华跟着继父看到赵荣琛的演出时，第一句唱、第一个舞动都将她深深吸引。从此以后，李蔷华与戏结缘，终其一身。

曾经为了家庭，李蔷华离开舞台两年，可是当她再次看到程砚秋的《荒山泪》，她终于知道自己痴迷、钟爱的是什么。李蔷华选择回归舞台，因为唱戏是她的最爱。当一个人拥有自己的热爱，也是一种幸福吧。

  1976年上半年,李蔷华接到通知要出演《二堂舍子》,还要拍成电影。她愣了老半天,没能回过神来。中断十年了!可当任务开始,李蔷华居然演得毫厘不差。原来,年轻时学下的那么喜欢的东西,早已经是烂熟于胸,融化在血液里了,哪里能轻易忘得了呢。

《锁麟囊》李蔷华饰薛湘灵

之后，李蔷华的《二堂舍子》到武汉电台录音，然后去天津录像。录像出来，李蔷华特别仔细地观看录像，发现了一个问题：不知道是不是因为十年没化装手生的缘故，怎么看都觉得自己的扮相不对劲。一再观察后，她终于发现，原来是耳挖子太低了，耳挖子一低，耳坠就显低，整个脖子就显短了，难看。于是李蔷华表示这个录像不能就这么拿出去，商量要求重拍。可录像第二天就得送走，没有时间了。而李蔷华则斩钉截铁地说："有，连夜拍，通宵拍。"最终交上了让自己满意的作品。那一年，李蔷华快五十岁了！

此后经年，作为京剧程派艺术传人，李蔷华始终不遗余力地传承发扬程派艺术，从演员到教师，从台前到幕后，她一直都尽其所能，倾囊相授。

如果说时势造演员，那么，也会因为热爱而恒久！

好学求艺　转益多师——马长礼

马长礼幼年入荣春社科班学艺，出科后，拜刘盛通为师深造，苦心钻研。后跟随谭富英学习，又相继得到了马连良等京剧名家的指点，技巧更上一层楼，其集众派之长，可娴熟出演多个流派的名剧。马长礼的《伍子胥》等戏充分展现了杨派艺术的醇厚，其《四进士》等戏充分展现了马派艺术的潇洒。马长礼在声腔运用上颇具功力，能借此塑造迥异的人物形象，在《沙家浜》这部经典现代剧目中，他饰演刁德一，十分传神地呈现了该人物的虚伪之处，即外表和顺、内心奸诈。

新中国成立初期，正值风华的马长礼为了艺术的进一步提高，特地向马连良问艺。谭富英同样认可马长礼的专业能力，愿意成就一段师徒之缘。在艺术之路上孜孜不倦的马长礼不是一个故步自封的人，他先后请益过杨宝森等名家。随着实践经验的不断积累，他能精彩演绎马派《四进士》等多个经典剧目，另外还涉猎了谭派和杨派的一些名剧，如《武家坡》（谭派）和《失·空·斩》（杨派）等。这些很好地拓宽了马长礼的戏路，为其非凡艺术成就的形成夯实了基础。

二十世纪八十年代，方荣翔巡演香港，同去之人还有袁世海、叶少兰、刘长瑜等名家，此行确定之后，整个香港为之震动，门票开售之后很快售罄。原定张学津的《群英会》为6月19日的打炮戏，然而18日下午却收到一则坏消息：张学津因故受伤，无法参演。最终，剧团电邀北京马长礼前来香港救场。他连演两场，均赢得了满堂彩。待到第三天，意外又发生了。马长礼即将饰演《清官册》中的寇准，谁知装扮已毕的他却发现自己失音了。最后由青年演员李军临时救场，

《文昭关》马长礼饰伍子胥

马长礼一边宽慰李军,一边向舞台监督打招呼:"梁庆云是我的师兄,也是李军的师傅,李军也算是我的弟子,大胆开戏!"舞台准时开演,后台演员大多担忧不已,怕李军演砸,马长礼亲立一旁,为其打气、把场。李军扮相颇佳,风流潇洒,做派滴水不漏,嗓音浑厚,一字一句均清晰异常,当演至〔二黄慢板〕"一轮明月"时赢得了观众爆彩。此次意外顺利解决,马长礼拉着李军的手,十分感激地说道:"谢谢你的救场,你若愿意拜我为师,我乐意之至!"。

传道敬业　为戏而生——杜近芳

杜近芳的唱腔独树一帜，其中既有梅兰芳、王瑶卿的韵味，也有她自己独创的特色。她的嗓音宽厚、嘹亮，高低自如，音色甜美，唱腔舒展大方，念白清楚明快，表演细腻感人。

1951年，杜近芳加入中国戏曲研究院京剧实验团工作，曾多次参加中国艺术团出访了亚洲、欧洲、非洲、美洲的二十多个国家和地区。1955年，中国京剧院成立后，杜近芳与李少春、袁世海、叶盛兰积极参与剧院建设，为剧院艺术风格的建立做出贡献。1960年，她出访美洲四国演出时，亲身见证了我国与古巴建交。杜近芳曾担任对外友协理事和中拉友协、中日友协、中法友协、中古友协理事。为了使京剧艺术走出国门，推动中华优秀文化在国际上的传播，杜近芳始终积极工作着。

更令人钦佩的是她对京剧艺术精益求精的执着追求。1957年，为了参加第六届世界青年联欢节，杜近芳准备了梅派的经典剧目《嫦娥奔月》，所用的红绸有十几米长，演员要具备极扎实的基本功才能完成，烈日下她一遍又一遍地练习，舞得汗流浃背，红绸翻飞中，终于达到了她自己满意的效果。功夫不负有心人，她以优美的唱腔和精湛的身段，把嫦娥月宫仙子的美丽形态呈现得淋漓尽致，在联欢节荣获了一枚银质奖章和两枚金质奖章，也让在场的各国观众欣赏到了中国京剧之美。1997年至1998年，杜近芳为完成自己的《白蛇传》"音配像"工作，由于过度劳累导致了眼底出血。当时她已年过六旬，武打部分完全可以找替身来配，但是本着对观众负责的原则，她仍然坚持自己表演。经过医治和一段时间的修养后，继续完成录制工作。但是不幸再次发生，她的眼睛被舞动的剑穗甩伤，所幸配像录制已接近尾声，总算能将她自己满意的艺术形式献给观众。

《谢瑶环》 杜近芳饰谢瑶环

杜近芳饱含深情地说："是党和国家培养了我，让我以文艺服务人民，我从一个旧社会的艺人成为人民的艺术家，这是翻天覆地的变化，只可惜，我做得太少，还很不够，但只要我还有一口气，就不会放弃对京剧的追求，因为我太爱我的事业了！"她在耄耋之年，依然改戏、教戏，永不停歇。

杜近芳在八十余载的艺术生涯中，善于继承、精于借鉴、勇于创新，创演了几十部"三并举"剧目。在新编历史剧、现代戏和整理改编传统戏中，塑造了大量鲜活生动、感人至深的舞台艺术形象，如谢瑶环、吴清华、喜儿、林娘子等，形成了鲜明的、独树一帜的具有古典美、时代感和凸显女性美特点的"杜氏"表演艺术风格，委婉幽柔、端庄雅气、清新别致、性格鲜明，大大丰富了旦行表演艺术的内涵和表达方式，拓展了京剧的表现领域，促进和影响了京剧乃至其他戏曲剧种的创新变化，为京剧艺术的继承发展和推陈出新做出了卓越的贡献。

济世相传　推陈出新——李世济

　　李世济自幼和京剧结缘，五岁登台献唱《女起解》，专攻青衣，曾向梅兰芳等多位名师请益。历经多年的锤炼锻打，形成了颇为扎实的基本功。1952年至1956年，创立李世济剧团，身兼多职，不仅是主演，还出任团长。1956年至1979年，先后和谭富英、马连良、裘盛戎等京剧名家搭戏。1983年后，李世济任中国京剧团一团团长。她继承程派经典剧目，弘扬程派艺术精神，是京剧程派艺术的杰出传人。虽向砚秋程请益多年，然而每当其提出正式拜师的恳请时，程砚秋均会婉言拒绝，原因是担心她在京剧行当中受苦。

　　新中国成立后，程砚秋等人赶赴莫斯科参加世界青年联欢节。在即将出发之际，有领导获悉了李世济多次拜师而不得的遗憾，于是向她承诺，待此行结束之后一定为他争取到拜师机会，这让李世济备受鼓舞。演出圆满结束，可传来的是程砚秋故去的消息。她日夜兼程赶赴医院，趴在已经冰凉的程砚秋身上，不禁泪流满面。造化弄人，拜师终难以成行，遗憾终身，用李世济的话来说"这辈子最期待的事，永远无法完成了"。

　　李世济是一个乐于钻研的人，她潜心研究程派剧本，一旦察觉到不妥之处便会加以调整。李世济主演的《陈三两爬堂》脱胎于地方戏，在创编该戏的过程中，她携手业界同行创编了多段精彩唱腔，在不失程派韵味的同时,又做到了别具一格,因此该剧问世后反响不俗,被冠以"新程派"美誉。

她主演的《文姬归汉》,更是充分展现了程派体系中一应板式唱腔的无尽优美,以〔原板〕〔慢板〕及〔二黄〕为代表的多个唱腔颇具

《贺后骂殿》李世济饰贺后

难度。值得一提的是，剧本碎场太繁，不适宜现代的演出。李世济为了使这出戏很好地保存与发展，对剧本进行认真思考、梳理、改编，使其更完善，使程派戏得以"复活"。为了丰满人物形象及情感，提高观赏性，删除了若干非必要碎场，还设置了一场情真意切的"送儿女"戏。积极创新，于地方剧种音乐内汲取养分，丰富了程派唱腔。经系统改编、完善之后，该剧结构更趋完善、唱腔更显特色、音乐更见吸引力、服饰更靓丽，提高了观赏性，受到观众喜爱。除此之外，她还参与了《刑场上的婚礼》等多出现代京剧的演出，让程派剧目得到了极大丰富，为程派艺术的发展做出了极大贡献。

毕生精力　传承梅派——梅葆玖

梅葆玖得其父亲梅兰芳的真传，是梅派艺术的传承者。梅葆玖的嗓音清脆圆润，唱念甜美清新，表演端庄大气，基本功扎实，扮相、演唱酷似其父。在花衫、青衣、刀马旦等行当，艺业精湛，均有极高造诣。

十三岁时，梅葆玖正式登台演出《玉堂春》《四郎探母》《嫦娥奔月》《黛玉葬花》等戏。演出后，父亲告诉他，剧中人的每一个眼神、表情、动作、指法，都要根据其感情和内心活动的变化来精心设计，要切合人物的性格和身份。在《嫦娥奔月》里，梅葆玖慢舒水袖，轻抛媚眼；在《黛玉葬花》中，他手持镰锄一步一顾；在《霸王别姬》中，他的剑舞潇洒又不失柔美。一次，梅葆玖演《霸王别姬》中的一段舞剑情节时，剑舞得轰轰烈烈，尽管博得满堂彩，但梅兰芳还是告诫他："你这剑舞得像开庆功宴，剧中身处困境的人，舞剑时是既无心、又无力的，剑舞要符合人物的命运。"

梅葆玖十八岁时，父子首次同台演《游园惊梦》。梅兰芳饰演小姐杜丽娘，梅葆玖饰演丫鬟小春香。1949年，父子俩又合演了《白蛇传》。之后，梅兰芳被任命为中国京剧院院长和中国戏曲研究院院长。此时的梅葆玖完全可以单挑唱一出戏了，便加入了梅剧团。

1950年除夕，梅葆玖和父亲在中南海怀仁堂合演《金山寺》和

《断桥》。演出前,梅葆玖早早到后台,认真地开始化妆扮戏,对着化妆镜提眉梢、吊眼角、戴网子、固定头发、用片子勾勒出鬓角的曲线,呈现出最美的艺术画面,显示出剧中人的英气勃勃、神采焕发。演出过程中,梅葆玖始终保持着含蓄美,唱、念的口型微露,使人物形象的气质显得更加高雅。

《天女散花》梅葆玖饰天女

梅兰芳的艺术在梅葆玖身上得到很好的继承，同时梅兰芳的家国情怀也深深地感染着梅葆玖。他是梅兰芳艺术和梅兰芳精神最直接和完整的继承人，并使其薪火相传、发扬光大。1953年，在抗美援朝中梅葆玖参加了慰问最可爱的人演出活动。1956年，梅葆玖又与随父梅兰芳参与了中国京剧艺术团访问日本演出，演出了梅派早期剧目《天女散花》。梅兰芳去世后，梅葆玖秉承父亲以事业为生命、以国家为重的精神和"移步不换形"的艺术宗旨，大力弘扬京剧，塑造了一系列鲜明生动、臻于化境的艺术形象。

扛起梅派艺术大旗的梅葆玖，几十年来始终是敬畏传统、尊重规律，艺术上潜心研究，继承中创新，探索中发展，从而进行一系列的再创作。他根据《太真外传》创新的《梅华香韵》，先后应邀赴俄罗斯、加拿大、德国、日本、澳大利亚、美国、马耳他等国家演出，受到热烈欢迎。2001年，梅葆玖作为艺术顾问创作演出新编历史京剧《洛神赋》引起轰动。2003年，梅葆玖又创演了京剧《大唐贵妃》，其中的一首《梨花颂》成为当今的名段，被广为传唱。

硕果满神州——李鸣岩

　　李鸣岩的父亲是老生演员李连甲，自小便跟着家人天南海北的"跑单帮"，戏园和演戏伴随着她的一步步成长，耳濡目染之下，年仅三岁就已不怯场了，能在《大保国》中扮演好一个小角色，而父亲看到她的天赋之后便进行了专门培养。中国戏曲学校成立之后，李鸣岩成为第一届学生。刚开始时选择唱老生，曾拜师谭小培等多位名家。后改唱老旦。

　　李鸣岩是一个肯下苦功的人，加之她的嗓子着实不错，行当转换还是相当顺利的。在唱老旦方面，她展现出了极高天赋，赢得了老师的关注和认可。在老师的推荐下，1958年，李鸣岩正式拜李多奎为师。她几十年保持着对京剧的无比热爱和不懈追求，为了能长期活跃在舞台上，她毅然决然地跟着丈夫赶赴新疆，成为了新疆建设兵团京剧团的一名正式演员。

　　李鸣岩深得李多奎真传，在表演时，特别是唱腔方面对于"字、气、劲、味"的把握十分到位，其音质饱满不失明净，高低音把握十分准确，声腔和气息的调整游刃有余，可结合人物性格及所处之情境，在"衰音""雌音"之间做恰如其分的转换，尤擅调剂性唱法，能借助"润音"实现对"涩音"的冲淡，再运用包括娇脆柔和在内各种音色去发掘、呈现人物内涵。李鸣岩在新编京剧《天下归心》中饰演的姜后,将历史上的一位母亲对儿子的思念和对所做事的怨悔表露无遗。

李鸣岩在学习钻研李派的同时,还积极吸收其他流派的特色化为己用。她心里常常想着这样一个道理,就是干京剧行当最忌故步自封,向名家和同行多多请益是很有必要的,如此能不断开阔眼界,最终收到博采众长之效。因此在李鸣岩的唱腔里,能欣赏到高派所主张的力度与节奏,通过脑后摘音这一处理技术使得声音被充分立起来,显得刚劲,毫无软弱之感;又有她学习程派唱腔,对其婉转悠扬的腔调进行转化,得到独特的老旦腔,以此描述和彰显老旦作为女性所与生俱来的柔美一面,但也未因此而丢掉李派特色,而是能够和李派的"衰音"彼此增益,实现了相当完美的融合,为人物形象的塑造和剧情的展开提供了有力支撑。

李鸣岩在艺术上取得了很大的成就,生活中的她十分谦和低调,始终以台上演好戏,台下做好人的标准严格要求自己,备受行内外人士的尊敬。这也许是因为她自幼入四维剧校受到"礼义廉耻,国之四

《洪母骂畴》李鸣岩饰洪母、孙洪勋饰洪承畴

维"古训的熏陶,也可能从小深受戏曲中质朴价值观的影响,更可能是李多奎的教导。李鸣岩把自己毕生所学、所感,毫无保留地传授给学生们。她的学生众多,既有专业的演员,也有业余的戏曲爱好者,李鸣岩都一视同仁,尽心竭力地教授知识。同时,他还到台湾讲学,桃李遍及神州大地。

对戏热爱　对党忠诚——刘秀荣

　　刘秀荣是杰出的京剧表演艺术家、教育家、国家级非物质文化遗产代表性传承人。幼年入北平四维剧校三分校学习。新中国成立后,入中国戏曲学校。1951年,为抗美援朝捐献飞机参加戏曲实验学校举办的义演活动,并两次赴朝鲜演出《白蛇传》,慰问中国人民志愿军。1956年毕业后,刘秀荣和同学们参加了刚刚组建的中国戏曲学校实验京剧团。1967年调到北京京剧团,后转入中国京剧院,担任三团主要演员。

　　"在天安门游行,我们和大学生、中学生排列在一个方队,当时我突然有一种自豪感。"刘秀荣深感自己是时代的幸运儿,深情地回忆当年参加开国大典的情景。她沐浴在当时新教育的春风之中,切身地感受到党的温暖。是党培养她成为一名继承和传承王派艺术的接班人,并终生为之奋斗。

　　1952年,中国戏曲学校参加第一届全国戏曲观摩大会,演出了《白蛇传》,年轻的演员、新创的剧目,使观众眼前为之一亮。田汉的剧本文学性极强,李紫贵的导演手法出新,特别是王瑶卿设计唱腔,既有传统又有出新,为刘秀荣饰演的白素贞在音乐唱腔方面增色添彩。《白蛇传》的一鸣惊人,为刘秀荣赢得了荣誉,也为她获得了一生的殊荣,就是在学校举办的庆功宴上,刘秀荣正式拜王瑶卿为师。从此研习王派、传袭王派成为刘秀荣终生的使命,几十年坚持如一,每次说到王瑶卿校长,她必尊称"老恩师"。在新中国成立之初,为了以文艺拓展国际交往,她和伙伴们多次出国演出,并且在维也纳举办的第七届世界青年联欢节上,她演出的《春郊试马》获得国际金奖,为新中国在外交战线上取得成功增添了力量。

《穆桂英大战洪州》 刘秀荣饰穆桂英

改革开放初期，中国京剧院为适应时代的新风，经院领导研究批准，组成了新的中国京剧院三团，由刘秀荣担任团长。三个月后，剧团到河北省各市演出，演员们吃住在后台，演出任务又繁重。刘秀荣作为团长和领衔主演，没有因为劳累而特殊，而是以身作则，处处带头，时时关心帮助大家解决问题。在她的带领下，大家团结协作圆满地完成演出，艺术质量之高，受到观众热烈的欢迎。

刘秀荣热爱戏曲，潜心研究王派艺术，继承传统，推陈出新，培养起众多弟子。她淡泊名利，始终坚守着一颗全心全意为人民服务的初心。

飘洒俊逸　稳练挺秀——张春孝

张春孝基本功扎实，文武兼长，台风潇洒，表演大方。他唱念极见功力，扮相清丽俊美，身上漂亮圆活，演文戏飘洒俊逸，唱武戏稳练挺秀，善于刻画人物。张春孝拥有非凡的舞台造诣，这一点是公认的。他的艺术生涯是辉煌璀璨的，各阶段均有其闪光点，更彰显了一代京剧人不断拼搏、锐意进取的面貌，代表了京剧艺术不拘一格、兼容并蓄、力求创新的成长阶段，具有十足的典范性。可以这样认为，张春孝拥有精彩无比的艺术生涯，不仅折射了京剧行业的发展沿革，也在某种程度上浓缩了一个时代。

张春孝沉醉京剧艺术，塑造了多个堪称经典的小生形象，其中最负盛名的有三个：第一个是《穆桂英大战洪州》中的杨宗保；第二个是《平贵别窑》中的薛平贵；第三个是《白蛇传》中的许仙。除此之外，其在《拾玉镯》中饰演的傅朋同样堪称经典。上述人物有些出自武生，有些属于老生，均是以传统小生为基础予以适度创造而形成的，从中能够真切感受到王瑶卿、田汉及崔嵬等编、导、演名家为之倾注的心血。在继承传统表演技艺的基础上进行不断创新，极大地丰满了人物形象，使之更多面、更立体、更复杂、更深刻、更情义十足、更充斥着人性，折射出一种颇具震撼性且前所未有的艺术魅力。而以《杨门女将》为代表的这些新编剧目，它们早已随着时间推移蜕变成了京剧的标准面貌。张春孝在舞台上塑造的众多经典形象经受住了时间和人们的检验,成为了京剧艺术宝库中的璀璨明珠,是值得后来者学习和发扬的经典。如此人物塑造和剧目编排方式新颖、效果十足,在

《白门楼》张春孝饰吕布、刘秀荣饰貂蝉

某种程度上改变了观众对于京剧的刻板印象，丰富了他们对京剧人物形象的观感，很好地迎合了当代观众所认同的审美理念。

2009年拍摄京剧电影《白蛇传》时，张春孝已是七十四岁高龄。由于拍摄周期短，每天几乎都要工作到午夜前后。这样高强度的表演，年轻人的身体都扛不住。但为了呈现出最好的艺术效果，他不辞辛劳，从早到晚都盯在片场给青年演员说戏、亲自把关。根据他的学生张威回忆，《白蛇传》中的重头戏"酒变"，许仙受惊后要用"僵尸"技巧躺下，连续拍了几次导演都不满意，认为没有视觉冲击力，演员没有达到直挺挺倒下去的效果。这对张威来说是较有难度的，他心里不免有点胆怯。张春孝看出了他的心思，走过来小声对他说："电影不像演出，走一个像样的'僵尸'留下来，将来你不会后悔，我相信你肯定能完成，咱们这次一遍过。"

张春孝视艺术为生命，他一生爱戏，孜孜不倦，潜心钻研。京剧艺术早已融入他的血液中。他把毕生精力全部投入到他所热爱的京剧艺术中，教戏传艺，从未停止，为京剧小生艺术的传承与发展做出了巨大的贡献。

博采众长　为己所用——吴钰璋

吴钰璋自幼随父亲吴松岩学习花脸，宗金（少山）派。1950年考入中国戏曲学校，1958年毕业后进入中国京剧院，曾拜裘盛戎、袁世海为师，与李少春、袁世海、杜近芳、叶盛兰等京剧名家同台演出。他钻研金派唱法，研究裘派声腔，学习袁派表演，博采众长，丰富自己。

吴钰璋是一位刻苦钻研的人，有着永不放弃的坚毅精神，在兼容各派精华的基础上，大胆迈出了创新步伐，在京剧舞台上做到了不断地推陈出新，取得了令人赞叹的成就。自幼受父熏陶的吴钰璋，以一段《坐寨》，惊动四座，顺利考入了戏曲实验学校。宋富亭是吴钰璋的启蒙老师，宋老师先后向他传授了《上天台》《断密涧》《铡美案》等戏，以及昆曲《芦花荡》《醉打山门》等，为他打下了"四功五法"的牢固基础。宋老师告诫他："一个京剧演员，若不砸瓷实昆曲的底子，演出来的人物就没'身份'，就容易把戏演得散、飘、水。"此后，吴钰璋又得到孙盛文、李春恒、赵荣欣等老师的悉心传授。

1958年，吴钰璋成为中国京剧院青年团的一员，和杨秋玲等合作演出，大胆创编并出色演绎了《杨门女将》等多个剧目。在花脸传统戏上，他也有不凡造诣。1962年，他被调入中国京剧院一团，有幸和袁世海、李少春等名家同台交流，一段时间下来，让他自觉受益匪浅。

尤其是袁世海在台上不仅对他传、帮、带，台下还一招一式地向他传授《九江口》《牛皋招亲》《李逵探母》等拿手戏，是袁派的亲传弟子。

《满江红》吴钰璋饰牛皋

吴钰璋一直向往裘派艺术，1961年终于得偿所愿，拜入裘盛戎门下，开始系统学习技艺。但他从不以某派自诩，而是博采众长，为己所用。他充分发挥金派的表演风格和高亮宏厚的嗓音特征，又吸纳运用了裘派的发声、吐字以及润腔等技巧，而在念白以及功架上，又引入了袁派标准，无论是铜锤还是架子花脸均做到了得心应手，实现了对金、裘、袁三派表演技艺的融会贯通，在凸显人物魅力上展示出了深厚功力。《刺王僚》中吴钰璋宗法金派，但又糅进了裘派的唱法，特别是那句脍炙人口的"弑君不啻宰鸡牛"在节奏和润腔上凸显裘派精髓。《赤桑镇》是裘盛戎的代表作，"在长亭铜铡下丧命身亡"一句，吴钰璋在依循裘腔的同时，在"亡"字上，则使用了金派的"虎音"，增强了力度，体现出包拯刚正无私的性格特征。他在新编戏《强项令》中饰演了刚正不阿、不畏强势的董宣。在现代戏《平原作战》中饰演为保护公粮誓与日本侵略者斗争的书记李胜。

吴钰璋愿意学习、善于学习，且具有百折不挠的精神，在兼容并蓄基础上逐渐形成了个人表演风格。

师恩大于天——张学津

张学津因受家庭熏陶，七岁开始学戏，考入北京市戏曲学校。曾在上海京剧院、北京京剧院工作。后拜马连良为师，表演深得马派神韵，唱腔融"余""马"两派于一体。张学津的台风潇洒飘逸，演唱酣畅舒展，念白自然清晰，有较强的塑造人物的能力。在继承基础上的创造则向另一个方向发展，在《画龙点睛》中他不仅在扮相上大胆采用唐装，而且在演唱上首先以声音刻画李世民作为一国之君的庄重、务实与贤明、开通，使李世民的艺术形象塑造得很成功，他在《借东风》《捉放曹》《三娘教子》中的表演，着力渲染的也是人物的稳重、成熟与古道热肠。在演唱技巧上，张学津的吐字、发声更接近于马连良晚年的演唱录音。

在张学津的人生中，秉承"尊师重教"四个字，他是这样对自己的师父马连良的，也同样赢得了徒弟们的敬爱。张学津从不轻易收徒，在收徒一事上走的是少而精的路线，用他自己的话说：我找的是"传承人"，不仅仅是一个"徒弟"这么简单。张学津以最大的精力去培养这些弟子，在日常生活中张学津给予他们很多帮助与照顾，而在专业上却非常严厉，对他们的要求高到近乎苛刻的地步。

张学津晚年身体状况一直欠佳，然而为了更好地传承前辈艺术家的这些精品之作，马连良先生的52出戏的音配像中，他一个人承担起

《苏武牧羊》张学津饰苏武

了 46 出，其中为马先生在民国十八年灌制的老唱片配像 13 段，其间还为李少春的《穆桂英挂帅》和李盛藻的《黄鹤楼》配像。在一些戏中有不少高难度动作，如抢背、滚钉板等，他都是亲自上阵，将身上的病痛全都抛诸脑后。艺术，一心便只为了艺术！在病中，他还坚持为学生说戏，为了京剧艺术的传承可谓披肝沥胆。

每个弟子，张学津都把一片真心寄托在他们的身上。在张学津病重的日子里，在北京的徒弟轮流值班，全天候照看张学津，外地的徒弟不远千里来北京，待上几天，照顾张学津。所有的徒弟都会不约而同地说一句话：师父，一个是艺术魅力，一个是人格魅力，让我们无法割舍。

家贫志坚　终成翘楚——杨秋玲

　　杨秋玲1950年入中国戏曲学校学习。毕业后在王瑶卿指导下，曾排演《牛郎织女》《孔雀东南飞》等戏。杨秋玲的表演扮相端庄，嗓音宽亮，在艺术上宗法梅派，又博采众长，形成含蓄蕴藉、稳重大方的表演风格。

　　杨秋玲家境贫寒，自幼学习、练功极为刻苦，深得王瑶卿、程砚秋、华慧麟、赵桐珊等老师的青睐，打下了扎实基础，为她形成朴实大方的艺术风格准备了条件。在校期间，她学戏多，青衣、花衫、刀马旦戏都学。毕业后分配到中国京剧院四团任主要演员，排演了新戏《初出茅庐》《满江红》等，并拜梅兰芳为师，从唱念到表演，都得到梅兰芳的指导。她努力学习梅派剧目，形成了雍容大方的台风和端庄持重的舞台气度，对她塑造人物的能力有极大的提高。

　　1959年，杨秋玲以优美动听的唱念、细腻传神的表演、干净利落的开打，在《杨门女将》中成功塑造了巾帼英雄穆桂英的形象。后来被拍成彩色电影，观众对她塑造的穆桂英留有深刻印象。剧中她时而以大青衣的形象出现，用深沉精美的唱腔来塑造人物；时而又戎装执戈，以刀马旦的形象出没在战场上，表现出穆桂英健美勇武的英姿。1960年，《杨门女将》荣获《大众电影》"百花奖"，杨秋玲红遍大江南北，成为妇孺皆知、举国上下争相效仿的榜样，"风萧萧，雾漫漫"

等唱段成为耳熟能详、人人传唱的经典唱段。

20世纪70年代末,她又在《红灯照》中成功地刻画了林黑娘的艺术形象。无论是表演还是唱腔,都显示出了豪迈的气势和引人入胜的艺术魅力。80年代以后,她恢复排演了一系列梅派代表剧目,像《宇宙锋》《霸王别姬》《凤还巢》《奇双会》等,她的唱做都很有梅派神韵,演出得到了观众的称赞。这一时期她还加工整理演出了古代故事剧《潇湘夜雨》。这出戏使她的唱念、表演特长得到充分发挥,十分精彩。

杨秋玲晚年身体多病,但为了京剧艺术的传承,她克服困难,悉心培育人才,董圆圆回忆:"秋玲恩师真是将多年来演《杨门女将》的经验,甚至对人物的体验、理解,毫无保留地教给我,这出戏我得到了亲传。2006年,为庆祝澳门回归祖国七周年,京、沪、津三地五个

《杨门女将》杨秋玲饰穆桂英、王晶华饰佘太君、
梁幼莲饰杨文广、孙定薇饰杨七娘

京剧艺术团体组成的中国京剧艺术团到澳门演出,我演《杨门女将》,在澳门引起了震动,那是中国京剧澳门行的破冰之旅。那一次,秋玲恩师亲赴澳门去给我把场,那时,她已经七十岁了。"

草原上的雄鹰——李小春

李小春习武生兼文武老生,很好地继承了父亲李万春和舅父李少春的艺术优长,并兼收并蓄,在继承余派韵味醇厚的唱法基础上吸收谭、杨各派的精华丰富自己。成为一名难得的允文允武、唱做俱佳的京剧演员。

1957年,李小春受邀为第六届世界青年联欢节表演,其节目《哪吒闹海》反响不俗,经评审一致决定授予其金质奖章。1962年李小春随团入内蒙古,在其和同事的不懈努力下内蒙古京剧团成立,同年先后赶往武汉、南京、上海等多座城市倾情演绎,赢得了观众们的一致好评。1975年华北地区文艺汇演拉开序幕,李小春参演的剧目是《气壮山河》,他饰演王若飞。1978年,他以中国艺术团团员身份随团访美,向当地观众奉上了三十余场精彩演出。李小春饰演《闹天宫》中的孙悟空,让大洋彼岸的观众津津乐道,为之一振。1984年,李小春不辞劳苦,率内蒙古京剧团"出征"荷兰等多国,演出后台下掌声经久不息,谢幕竟然达到了十多次,可见观众之认同和喜爱,为国家争得了荣誉。在美国期间,他和堂妹初次见面,圆了一家人自大陆和台湾分割几十年后的离别之苦。他的跨界电影《人·猴》相当成功。他在舞台上极富光彩,可是在生活中却又很普通。在深入乡村、厂矿演出时,跟谁都说得来,没有一点名演员的架子。此时的李小春,热情招呼乡亲们一起畅谈聊天,尽兴处还给大家展示一番武功,徒手夺刀,村民们的掌声经久不息。

《击鼓骂曹》李小春饰祢衡

李小春的足迹踏遍祖国大江南北，在农村、牧场和千里边防线上都留下了他的身影，他致力于少数民族地区的京剧艺术发展，长期坚持在边疆少数民族地区为各族人民服务。他的演出足迹，最高处到过世界屋脊的西藏，最低处到过几百米深的矿井煤层；他的演出环境，有过冰天雪地的塞外舞台，有过暑热潮闷的江南剧场。他把更多的精力和热情奉献给了草原，奉献给了那里的人民，使京剧艺术在我国的西藏地区和内蒙古地区生根发芽，蓬勃发展。他饰演的传统戏人物，对我国的传统文化的传播起到了助推的作用，而他饰演的现代戏人物，更是对新社会的讴歌和颂扬。